Les lieux

DU MÊME AUTEUR

Mémoires du métro, La Table Ronde, 1961.

La Conquête des vacances, Les Editions ouvrières, 1963.

Le Prof ne rit pas, La Table Ronde, 1964.

L'Art Nouveau en Europe, Plon, 1965.

Les Origines du logement social en France, Les Editions ouvrières, 1966.

La Libre Maternité, Castermann, 1971.

Brève histoire du Service social en France (en collaboration avec M.-A. Rupp), Privat, 1976.

Le Logement populaire en France : sources documentaires et bibliographie, Centre d'études et de recherches architecturales, 1979.

Roger-Henri Guerrand

Les lieux

Histoire des commodités

EDITIONS LA DÉCOUVERTE
1, place Paul-Painlevé
PARIS Ve
1985

Si vous désirez être tenu régulièrement informé de nos parutions, il vous suffit d'envoyer vos nom et adresse aux Editions La Découverte, 1, place Paul-Painlevé, 75005 Paris. Vous recevrez gratuitement notre bulletin trimestriel **A la découverte.**

ISBN 2-7071-1509-6

A la mémoire de mon grand-oncle
Charles Desbrocher des Loges (1862-1935),
ingénieur en chef de l'Assistance publique.

GUILLOT PELLETIER et Cie, brevetés s. g. d. g., à ORLÉANS.

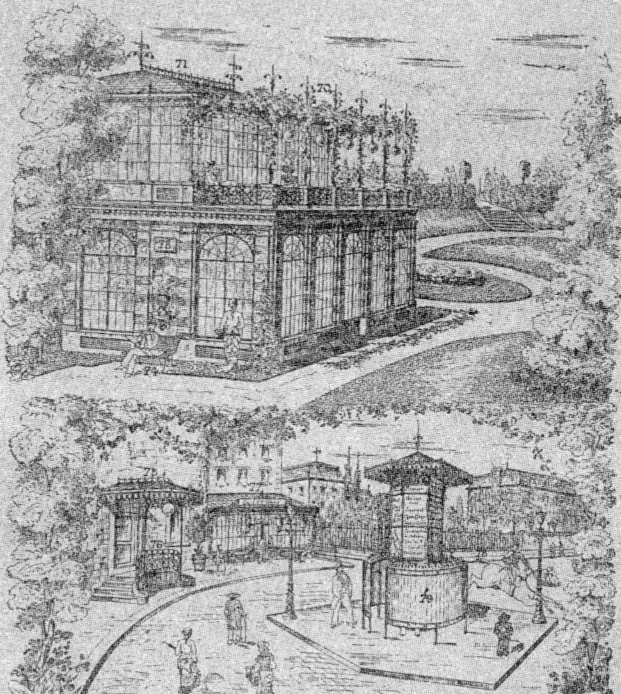

70. Terrasse avec marquise pour plantes grimpantes. — **71.** Jardin d'hiver ou Salle vitrée communiquant à cette terrasse. — **72.** Balcon en fer forgé. — **73.** Orangerie. — **74.** Banc cintré à lames en bois. — **75.** Marquise avec croupe arrondie supportée par des colonnes. — **76.** Balcon avec rampe en fer forgé. — **77.** Salle vitrée pour café ou autre. — **78.** Grille ordinaire. — **79.** Kiosque-urinoir.

Observation. — Tous les articles ci-dessus pouvant être fabriqués à des prix divers, on est prié de demander des renseignements à la maison, qui envoie les plans et devis désirés.

Planche du catalogue de la maison Guillot, Pelletier et Cie, vers 1885.

Des bruits et des odeurs

En 1982, la Mairie de Paris a célébré avec éclat le centenaire de la reconstruction de l'Hôtel de Ville, détruit par les incendies de la Commune au mois de mai 1871. Pour cette occasion, il a été publié un magnifique ouvrage illustré [1] contenant — à première vue — absolument tout sur ce prestigieux édifice, jusqu'à la description des « gadgets technologiques » concernant le chauffage, l'éclairage, le téléphone, les ascenseurs. Le personnel n'a pas été oublié, puisqu'on trouve même dans ce volume un article abordant spécialement les échelles de traitement à la fin du siècle dernier : nous apprenons que plus de 1 000 personnes des deux sexes travaillaient en permanence, il y a cent ans, à l'Hôtel de ville de Paris. Il s'agissait sans doute d'une espèce particulière d'êtres humains. A aucun moment, dans un livre consacré à un établissement fréquenté aussi par un vaste public, parfois soumis à de longues attentes, les auteurs n'ont évoqué les installations sanitaires dont il devait être pourvu. Ou bien le problème de l'eau et des W.-C. n'aurait pas été traité dans son ensemble par les architectes de l'un des édifices les plus importants de la capitale française ? Nous nous refusons à le croire...

Encore qu'avec le mépris des nécessités physiologiques caractérisant la bourgeoisie du XIXe siècle cette négligence ne soit pas

1. *Livre du Centenaire de la reconstruction de l'Hôtel de Ville, 1882-1982*, Paris, Bibliothèque administrative, 230 p.

impossible. On en citerait d'autres exemples à Paris. Ainsi, à l'Opéra de Charles Garnier : le maître avait envisagé la question des lieux avec la plus complète indifférence. N'écrivait-il pas, dans l'étonnante monographie qu'il a lui-même rédigée sur son œuvre, les lignes suivantes : « La question des cuvettes et des pots à eau, tout en faisant partie de l'architecture, n'est pas faite pour révolutionner cet art [2]. » En conséquence, ni à l'Opéra — quelques « retraits » sont désignés sur les plans mais leur quête s'avérait difficile — ni peut-être à la Mairie... On devait « prendre ses précautions » avant... ou « se retenir » pendant des heures. Ou encore se munir d'un ustensile. Cette prétendue maîtrise du corps, typique du XIXe siècle bourgeois, avait gagné jusqu'à la Russie des tsars, comme en a témoigné Nina Gourfinkel [3]. Dans la bonne société de Saint-Pétersbourg, il était de la dernière impolitesse de s'éclipser un instant d'un salon. D'où, au début de la Révolution qui se proposait aussi d'affranchir le corps de pratiques aberrantes, l'apposition d'énormes affiches, immédiatement comprises de tous, avec le conseil suivant : « Un instant de gêne compromet la santé pour des années. »

Les Soviétiques se sont peut-être débarrassés des préjugés touchant l'exercice des « basses fonctions » ; la lecture de l'ouvrage cité plus haut permet d'en douter pour les Français. Par ailleurs, on chercherait vainement, dans le vaste éventail des thèses universitaires se rapportant à l'histoire des mœurs, quelques précisions en cette matière. Pourtant, de prime abord, certains titres sembleraient alléchants. En 1925, Maurice Magendie rédigea, sur la politesse mondaine entre 1600 et 1660, une somme qui fait toujours autorité [4]. A cette fin, le brave homme avait dû lire les Mémoires d'Héroard, médecin du jeune Louis XIII, et il fut épouvanté : « On est stupéfait, écrit-il, quand on voit la

---

2. Charles GARNIER, *Le Nouvel Opéra de Paris*, 2 vol., 1878-1881.

3. « Les thèmes scatologiques en littérature », in *Le Courrier d'Epidaure*, novembre 1936.

4. *La Politesse mondaine et les Théories de l'honnêteté en France au XVIIe siècle*, de 1600 à 1660, Paris, PUF, 947 p.

liberté d'allures et de paroles que se permettaient de nobles personnes en présence du dauphin. » Et, plus loin : « J'ai parlé des singuliers écarts de langage d'Henri IV avec son fils. » Nous inclinons à penser qu'avec ses principes de politesse petite-bourgeoise appliqués à la compréhension du XVIIe siècle, M. Magendie n'était peut-être pas très bien préparé à la tâche qu'il avait entreprise, non plus que son jury de collègues à l'évaluer.

Plus près de nous, même réserve prudente chez un historien de la littérature du Grand Siècle, si riche en individualités baroques et libérées qu'ignorent naturellement les manuels. Francis Bar, qui les a attentivement étudiées [5], a bien souffert, lui aussi : « Les obscénités ne sont pas rares : il suffira que nous l'ayons signalé... On nous pardonnera d'avoir donné quelques détails de ce genre. » Dans cette perspective pudique, ni « cul » ni « merde » ne figurent dans l'index dressé par cet auteur si décent qu'il consent à admettre le « rot », mais pas le « pet », alors que ce « zéphir » a suscité de nombreux « éloges » chez les écrivains de la période dont il traite. Ajoutons que les innombrables écrits à la gloire du château de Versailles éludent à peu près totalement le délicat sujet des matières alvines rejetées quotidiennement par les milliers de personnes fréquentant la cour jusqu'en 1789. A part quelques dizaines de chaises percées et l'usage imprévu des bosquets de Le Nôtre, rien en effet n'était organisé sérieusement et il faudrait peut-être expliquer cette situation.

Nous avons décidé de briser ce tabou, entreprise esquissée il y a quinze ans — avec nos encouragements — par Mme le Dr Claude Maillard : son essai, *Précieux édicules*, illustré avec un humour subtil, n'a pas rencontré le succès qu'il méritait [6]. Cet

---

5. *Le Genre burlesque en France au XVIIe siècle*, étude de style, Paris, Editions d'Artray, 1960, 444 p.

6. Paris, La Jeune Parque, 1967, 136 p., nombreuses illustrations. La même année, cette maison d'édition — aujourd'hui disparue — lançait courageusement un petit livre devenu rarissime, *Le Guide porcelaine des lieux de Paris*, par Jonathan Routh. Cet opuscule de 57 pages en format de poche avait d'abord été publié à Londres, en anglais, par Wolfe Publishing Ltd.

ouvrage se limitait cependant aux toilettes publiques et il fallait élargir le sujet à la triade complète, vases de nuit, chaises percées et commodités privées. Ce mobilier n'a pas tenté Dominique Laporte qui, dans son *Histoire de la merde* [7], s'est plutôt axé sur les aspects psychanalytiques de la Chose.

Sous l'angle historique, il faut se féliciter du travail pionnier récemment entrepris par Thierry Gasnier pour un mémoire de l'Ecole des hautes études en sciences sociales [8]. Son anatomie du discours hygiéniste à propos des latrines parisiennes au XIXe siècle offre un exceptionnel inventaire de sources trop négligées par les chercheurs de cette période, en même temps que de vues très pénétrantes sur le sujet.

Il tombera sous le sens que s'engager dans la voie qui a été la nôtre présentait des dangers extrêmes. Nous avons peiné sur une ligne de crête, menacé de choir dans deux abîmes. D'une part, celui du musée technique, de l'autre, l'enfer scatologique, avec l'ivresse de ses fragrances. Nous espérons avoir échappé à ces périls en ne privilégiant aucun des deux aspects de la question.

Respirant avec volupté, tantôt le miasme et tantôt la jonquille, Alain Corbin, premier historien de la sensibilité olfactive [9], nous stimulait dans une tâche complétant la sienne. Les « lieux » et leurs accessoires appartiennent à l'histoire de l'hygiène, et il était intéressant d'en faciliter enfin l'exact repérage spatio-temporel. Les raisons pour lesquelles on invente un certain matériel, la façon dont on l'utilise et dont on parle de ce à quoi il sert, ne sont pas moins importantes à déterminer. Cette analyse tentera d'éclairer, en dehors des aspects proprement érotiques, l'évolution des rapports entretenus par les Français avec leurs organes sexuels et sa signification par rapport aux valeurs qui sous-tendent notre société.

---

7. Paris, 1978, 119 p.
8. *Le Silence des organes.* Analyse du discours hygiéniste : la réforme des latrines parisiennes (1820-1910), Ecole des hautes études en sciences sociales, 1984, 170 p.
9. *Le Miasme et la Jonquille*, Paris, Aubier, 1982, 334 p.

Qu'il nous soit permis, en terminant, de regretter l'absence d'une iconographie de qualité concernant le matériel utilisé chez nous. Sur ce point, les Anglo-Saxons ont montré depuis longtemps la voie en publiant d'admirables recueils qu'il faut espérer voir un jour imités ici [10].

Voyage aux Pays-Bas (H. Havard, « L'Art et le confort dans la vie moderne ».

10. Voici le dernier en date : Lucinda LAMBTON, *Chambers of Delight*, Londres, Gordon Fraser, 1983, 56 p., 81 reproductions de vases de nuit du XVIIIe au XXe siècle.

Cureur de puits et égoutier du XVIIe siècle.
Gravure d'Abraham BOSSE.

1

« Gare l'eau ! »

Prolégomènes

Si l'on en croit l'architecte François Liger, qui se prit d'un intérêt passionné pour les problèmes de l'évacuation des déjections humaines à la fin du XIXe siècle [1], la quantité d'urine rendue par un homme en vingt-quatre heures tourne autour de 1 250 grammes, ce qui, par an, atteint 450 kilos. Liger ne fournit pas de chiffre concernant la matière fécale, nous le connaissons par ailleurs, 125 à 160 grammes par jour. Voici donc une production naturelle importante, impossible à diminuer, croissant régulièrement quand une population augmente et obligeant, ne serait-ce que par sa puanteur, à des mesures urgentes d'élimination. Moïse avait choisi de prôner l'imitation de certains animaux. Dans le Deutéronome, le prophète a en effet écrit : « Tu auras un lieu hors du camp et c'est là que tu iras. Tu auras une bêche dans ton équipement. Quand tu iras t'accroupir à l'écart, tu creuseras et quand tu repartiras, tu recouvriras tes excréments avec de la terre. [2] »

Les Egyptiens, quant à eux, rangeaient les fèces au nombre de leurs idoles : ils les adoraient sous la forme du scarabée, cet insecte fouille-merde. Sans doute avaient-ils déjà découvert les fonctions fertilisantes de l'excrément. En tout cas, leurs méde-

1. *Fosses d'aisances, latrines, urinoirs et vidanges*, 1875.
2. Chap. X, III, 13-15.

cins reconnaissaient d'extraordinaires qualités thérapeutiques à l'urine. Selon Hérodote, un pharaon fut guéri d'une maladie d'yeux par l'urine d'une femme qu'il épousa ensuite. Ces vertus du pissat furent plus tard célébrées par Pline dans son *Histoire naturelle* : ainsi est-il bon, pour l'état général, de s'exonérer chaque matin sur les pieds. Dans les soins de la bouche, rien ne vaut un rinçage avec ce divin liquide, il apporte de l'éclat à l'émail. Qui plus est, l'urine des eunuques s'avère souveraine pour rendre les femmes fécondes.

Les premiers hygiénistes du monde antique, dans leurs maisons et dans leurs villes, furent les Romains [3]. S'il n'est pas sûr qu'ils aient inventé le pot de chambre (*matula* ou *matella*), on sait que cet objet — dont on ignore la forme exacte — appartenait au mobilier des salles à manger. Le maître ou ses invités claquaient des doigts pour se le faire apporter par un esclave. Ces vases étaient la plupart du temps fabriqués en bronze et Cicéron se moque des connaisseurs qui les sentaient pour savoir s'ils provenaient des ateliers de Corinthe. Saint Clément d'Alexandrie, au Ier siècle ap. J.-C., s'éleva contre les raffinés n'utilisant que ceux en argent.

Contrairement à ce qui a été souvent soutenu, l'empereur Vespasien n'a rien eu à voir avec l'établissement des latrines publiques à Rome — à la fin du IIIe siècle ap. J.-C., sous Dioclétien, on en comptait 144 —, il se contenta de prélever un impôt sur les urines que les foulons et les tanneurs recueillaient dans des récipients disposés dans les rues à cet effet. Son fils Titus l'en blâma, ainsi que l'a raconté Suétone : « L'empereur lui mit sous le nez une pièce de monnaie provenant du premier paiement et lui demanda si l'argent sentait mauvais. "Non", répondit Titus. Eh bien, dit son père, il nous vient de l'urine [4]. »

Dans sa 3e et sa 14e satires, Juvénal s'est indigné de l'activité des spéculateurs qui, pour s'enrichir, ne répugnaient devant aucune espèce d'industrie. Il fustigeait les *foricarii*, mot dési-

---

3. Charles DAREMBERG et Edmond SAGLIO, *Dictionnaire des Antiquités grecques et romaines*, d'après les textes et les monuments, 1877-1906.
4. SUÉTONE, *Histoire de Vespasien*, chap. XXIII.

gnant les fermiers de l'urine. Le même redoutable dénonciateur des turpitudes de ses contemporains a relaté, dans sa célèbre satire contre les femmes, les curieux rites auxquels se livraient les grandes dames romaines devant l'autel de la Pudeur : « C'est là que, la nuit, elles font arrêter leurs litières, c'est là qu'elles inondent de jets la statue de la déesse ; elles se chevauchent réciproquement et se trémoussent sous les regards de la lune. »

Moyen Age énorme et délicat

Le souci des commodités pratiques n'a pas été ignoré du Moyen Age dont les médecins continuent la tradition antique d'examen attentif des urines. Au XIIe siècle, nous disposons déjà d'un traité sur la question : il précise que l'urinal doit être en verre mince et blanc pour que les couleurs s'y distinguent mieux. Dans le *Roman de Renart* (XIIIe siècle), nous voyons un mire au travail :

> « Apportez-moi un orinal
> Et si verrai dedans le mal. »

Et voici l'examen :

> « Lors le prend et au soleil va
> L'orinal sus en haut leva
> Moult le regarde apertement
> Tourne et retourne souvent. »

Rien d'étonnant donc à ce qu'une charte, accordée en 1338 par Humbert II, dauphin du Viennois, à un maître verrier, l'oblige à lui fournir une redevance annuelle de 1 800 pièces dont 432 orinaux. Dans les manuscrits des XIVe et XVe siècles, on aperçoit ces récipients sous les lits.

Attentifs aux urines, les médecins le sont également au dégagement du ventre, et ils pratiquent le clystère à propos duquel débute une abondante littérature ainsi que des représentations iconographiques très variées. Dans la *Farce de Pathelin*, celui-ci contrefait le malade et dit :

« Ha, Maître Jean, plus dures que pierres
J'ai chié deux petites crottes
Noires, rondes comme pelotes
Prendrai-je un autre clystère ? »

A côté des vases de verre, existent des pots en terre appelés à un riche avenir, mais aussi, pour les personnes de haute qualité, les premières chaises percées de notre histoire. On connaît celle d'Isabeau de Bavière, garnie de velours bleu, et celle de Philippe le Long, recouverte d'une étoffe de laine noire appelée « brunette ». Pour sa part, le pudique Louis XI disposait d'une « chaire de retrait » entourée de rideaux. Ses comptes révèlent qu'il achetait de l'étoupe de lin, l'ancêtre direct du papier hygiénique, du moins dans les classes supérieures, comme le prouvent de nombreuses commandes des rois de France au Moyen Age.

Dans les maisons de ville, le système de la fosse existe parfois : sous Charles V, en 1374, il est enjoint à « tous les propriétaires, en la ville et faubourgs de Paris, d'avoir latrines et privés suffisants en leur maison ». D'après le commandant R. Quenedy [5], l'habitation rouennaise en possédait, branchés sur des puisards creusés dans les arrière-cours. Mais d'autres possibilités existent, attestées par le terme de « merderon », « merderet » — toujours utilisé à Valognes — ou « merdereau » : il désigne une sorte de canal au débit très lent longeant la cité ou traversant une zone urbanisée [6]. Des latrines sont construites au-dessus, et il sert à l'évacuation de tous les excréments humains qu'on peut y jeter. Les fossés et les courtines des remparts servent aussi à cet usage bon enfant.

Il y a plus étonnant encore, ce sont les rues immondes, rue Orde, rue Basse-Fesse, Bougrerue, ruelle des Aisances, culs-de-

---

5. *L'Habitation rouennaise, étude d'histoire, de géographie et d'architecture urbaines*, 1926.
6. André GUILLERME, *Le Temps de l'eau, la Cité, l'Eau et les Techniques*. Nord de la France, fin IIIe-début XXe siècle, Seyssel, Champ Vallon, 1983, 263 p.

sac que chaque ville possède à proximité du marché. A Troyes, c'est la rue du Bois [7]. Au XVIIe siècle, des magistrats voulurent interdire cette libre latrine, et il s'ensuivit une émotion populaire. Une délégation, conduite par un maître tisserand, alla protester à l'Hôtel de Ville. « Messieurs, dit le porte-parole, nos pères y ont chié, j'y chions et nos enfants y chierons. » « La rue du Bois, conclut un journaliste du XIXe siècle, glorieusement maintenue dans la jouissance de ses droits, vit avec transport tous les culs de ses vassaux revenir, à la manière accoutumée, lui rendre l'hommage qu'ils lui devaient. »

La pratique courante, c'est donc bien le « tout-à-la-rue ». Nuit et jour, les gens jettent par les fenêtres les eaux usées, les ordures les plus diverses, les urines et même les matières fécales. Trop heureux pour le passant quand retentit le cri annonciateur « Gare dessous ! » ou « Gare l'eau ! ». Les anecdotes fourmillent au sujet de grands personnages ayant reçu le contenu d'un pot de chambre sur la tête. Le roi Saint Louis, se promenant très tôt dans les rues de Paris, fut un jour honoré de ce cadeau et il fit accorder une prébende à son auteur : c'était un étudiant et il la méritait puisqu'il se levait dès l'aube pour travailler.

Il semble que les châteaux — et les monastères — aient été très en avance dans la recherche des emplacements les plus adéquats pour les lieux d'aisances [8]. A Coucy, l'une des plus importantes forteresses du Moyen Age, il existait non seulement un bâtiment séparé servant de latrine, mais aussi un retrait à chaque étage des tours : en encorbellement sur le nu du mur, il rejetait les matières dans le fossé. On voit encore aujourd'hui quelques-uns de ces édicules dans les places fortes médiévales qui subsistent. Elles renferment aussi des fosses bien ventilées. Viollet-le-Duc en fit vider plusieurs, longtemps prises pour des « oubliettes » : elles contenaient de la poudrette et des restes de petits animaux.

---

7. Pierre-Jean GROSLEY, *Ephémérides troyennes*, 1758-1769.

8. VIOLLET-LE-DUC, *Dictionnaire raisonné de l'architecture française*, du XIe au XVIe siècles, 10 vol., 1854-1868, t. VI.

L'ordre de Cîteaux, dans sa parfaite compréhension des besoins de ses moines, n'a pas éludé le problème de l'évacuation des matières fécales, si important pour une communauté soumise à la même règle de vie. Dans chaque abbaye relevant des prescriptions de saint Bernard, les latrines furent toujours construites au point bas des bâtiments, à l'endroit où coulait le ruisseau dont le courant emportait les détritus et les excréments. Elles étaient situées à l'extrémité du dortoir opposée à l'église : celles de Royaumont existent toujours. Il s'agissait d'une sorte de couloir long de 32 m, large de 2,35 m, haut de 7 m, recouvert par trente et un arcs en plein cintre — reliés aujourd'hui par un plancher — et portés par deux murs de 0,94 m d'épaisseur entre lesquels coulait le ruisseau [9].

Ainsi le Moyen Age n'ignore pas l'hygiène fécale la plus élémentaire tout en manifestant, à l'égard de l'excrément, un ton de liberté qui le fait participer aux aspects comiques de l'existence. C'est l'un des supports du rire dans la société médiévale et sa littérature en tire naturellement toutes sortes d'effets. Elle est tellement indépassable en matière de scatologie naïve que beaucoup d'œuvres de ce temps effrayèrent les chartistes du XIXe — et du XXe siècle —, bourgeois entièrement acquis à l'idéal castrateur de leur classe : ils se sont bien gardés d'adapter certains textes en français moderne et n'ont publié les autres que dans des versions édulcorées.

Evoquons par exemple *Audigier*, parodie de chanson de geste en vers décasyllabes. Il a fallu attendre 1960 pour la voir présentée — dans une revue savante et avec un grand luxe de précautions — par un professeur de l'université de Louvain [10]. « Dépouillons cette œuvre ordurière, écrit l'érudit médiéviste, de tous ses détails nauséabonds, de l'assaisonnement d'excréments et de ragoûts infects qui jadis ont ravi des auditeurs dont les sens ne paraissaient pas exacerbés par des spectacles, des odeurs et des impressions gustatives d'une rare bestialité. »

---

9. Marcel AUBERT, *L'Architecture cistercienne en France*, 1943, t. II.
10. Omer JODOGNE, in *Le Moyen Age*, n° 4, 1960. On pouvait trouver le texte d'Audigier dans le recueil de fabliaux procuré par Barbazan et Méon en 1808, t. IV.

Joseph Prudhomme ne se fût pas mieux exprimé, sous Louis-Philippe... En fait, cette « épopée excrémentielle » — comme la jugeait Joseph Bédier — est surtout ennuyeuse, à part quelques passages bien venus, ainsi lorsque le héros emmène sa promise dans un champ où ils s'accroupissent simplement, en vrais ruraux :

« Dame, dit Audigier, ice m'est bel
Que nous fumerons bien notre prael
La fumée m'en monte jusqu'au cervel
Et la flairor m'en vient jusqu'au musel. »

Plus inquiétant, le fabliau de la merde raconte une curieuse scène de ménage à propos d'une crotte qu'une épouse a arrachée au fondement de son mari et qu'elle lui fait goûter en prétendant que c'est de la cire. Le délicat Rutebeuf, auteur du célèbre *Miracle de Théophile* et l'un de nos premiers poètes lyriques, n'hésitera pas, dans *Charlot le juif et la peau de lièvre*, à utiliser une donnée franchement scatologique : un jongleur, mécontent de sa récompense, une vulgaire peau, la rapporte au seigneur pleine d'excréments. Peut-être instruit des méfaits déjà connus de la constipation, François Villon, dans son « Testament », pardonnera à tout le monde

« Sinon aux traîtres chiens mâtins
Qui m'ont fait chier dures crottes. »

Poésie de l'étron

L'obsession des fèces nous semble avoir connu — au moins sur le plan littéraire — une première apothéose au XVIe siècle. Le fameux passage de Rabelais, « Comment Grandgousier connut l'esprit merveilleux de Gargantua à l'invention d'un torche-cul » [11], a été repris dans toutes les anthologies où on insiste sur ce qui relie le curé de Meudon à l'époque précédente.

11. *Gargantua*, liv. Ier, chap. XIII.

Mais nombre d'universitaires ont encore beaucoup de peine à accepter ce qu'ils persistent à considérer comme des pratiques inadmissibles, rapidement balayées par la rationalisation progressive de la vie quotidienne. C'est ainsi qu'on peut lire, dans une thèse récente [12], les lignes suivantes : « Le roman [*Gargantua*] nous paraît bien éloigné de représenter la civilisation brillante du règne de François Ier. En dépit de Thélème, on imagine mal Rabelais, si souvent grossier, à Chambord ou à Fontainebleau. » L'honorable magister n'a vraiment aucune idée de la vie réelle dans ces « châteaux de rêve », nous espérons en apporter la preuve.

Rabelais s'est nullement isolé dans son époque : l'esprit des fabliaux se retrouve dans des farces dont l'ensemble n'a jamais été étudié et qui sont l'héritage direct des jongleurs. Telle la *Farce nouvelle et joyeuse du pet*, qui daterait des premières années du XVIe siècle [13]. Elle met en scène la querelle classique de deux époux. Cette fois, le mari, devant un juge, accuse sa femme d'avoir lâché un gros pet. Sa plainte n'est pas recevable, car un couple légalement uni constitue une seule chair. Par ailleurs, si la dame n'avait pas eu de cul, son prétendant ne l'aurait certainement pas épousée. Ce que confirme aussitôt l'accusée :

> « Monsieur, je vous prouverai
> Que si tôt que fut épousée,
> Toute la première journée
> Qu'avec lui je fus couchée
> Mon cul fut la première pièce
> Par où il me prit, somme toute. »

Ce n'est là qu'une amusette pour le populaire. Les raffinés peuvent lire l'étrange Eustorg de Beaulieu, poète d'un érotisme

---

12. Jean LARMAT, *Le Moyen Age dans le* Gargantua *de Rabelais*, Paris, Les Belles Lettres, 1973, 583 p. Voir également Mikhaïl Bakhtine, *L'Œuvre de François Rabelais et la culture populaire au Moyen Age et sous la Renaissance*, Paris, Gallimard, 1970, 471 p.

13. Elle se trouve à la fin d'un recueil publié par un certain Léon WILLEM, à Paris, en 1873.

violent et scatomane déclaré [14]. Notre homme compta naturellement parmi les blasonneurs du cul et du pet :

« Pet parfumant le con d'une lingère
Pet bondissant haut et clair sans discord
Toujours joyeux, chantant jusqu'à la mort... »

Il descend plus bas en chantant l'étron (65e rondeau) :

« Maints étrons d'étranges figures
Quand les cerises seront mûres
S'engendreront tant jours que nuits
Et puis seront nés et produits
Divers en couleurs et carrures. »

et n'oublie pas ce qui termine l'opération, dans le rondeau suivant :

« Du velours vaut mieux que satin
Pour torcher son cul au matin
Ou au soir quand on va coucher
Toutefois il est un peu cher
Mais c'est tout un mais qu'il soit fin
Taffetas simple, ou armoysin,
Damas, camelot, chanvre ou lin
N'approchent pour un cul moucher
Du velours. »

Gargantua préférait un « oiseau bien duveté », « le plus seigneurial, le plus excellent, le plus expédient qui jamais fut vu », mais voilà tout de même qui est parler, en pleine Renaissance !

Un autre poète de ce temps, Gilles Corrozet [15], complétera cette envolée lyrique en étant le premier à mettre en vers l'indispensable édicule :

---

14. *Les divers rapports contenant plusieurs rondeaux, huitains, dixains, ballades, chansons, épîtres, blasons, épitaphes et autres joyeusetés*, 1544.
15. *Blasons domestiques*, 1549.

« Retrait de grand commodité
Soit aux champs ou en la cité
Retrait auquel personne n'entre
Si ce n'est pour purger son ventre
Retrait de grande dignité
Où le cul sied en majesté
Retrait qu'on n'ose découvrir
Ni le dessus du siège ouvrir
De peur, afin que je ne mente
Que le fort parfum ne s'évente
Retrait où l'on se sent à l'aise
Il vaut bien mieux que je me taise
Qu'empuanter de tes senteurs
Le lecteur et les auditeurs. »

En ce lieu de satisfaction solitaire, nous nous plaisons à voir entrer régulièrement Montaigne qui n'a pas craint de nous confier ses habitudes [16] : « Les rois et les philosophes fientent, et les dames aussi… Je dirai ceci de cette action : qu'il est besoin de la renvoyer à certaines heures prescrites et nocturnes et s'y forcer par coutume comme j'ai fait… Dans toute les actions naturelles, c'est celle que je souffre plus mal volontiers m'être interrompue. J'ai vu beaucoup de gens de guerre incommodés du dérèglement de leur ventre ; le mien et moi nous ne faillons jamais au point de notre assignation, qui est au saut du lit, si quelque violente occupation ou maladie ne nous trouble. »

« La décharge du ventre » est décidément une affaire importante au temps de la Renaissance, puisque Luther s'en occupe également, témoin l'anecdote suivante tirée de ses *Propos de table* : « Un gentilhomme, ayant été interrogé par sa femme sur la véracité de l'attachement qu'il avait pour elle, il lui répondit : Je t'aime autant qu'une bonne décharge de ventre. Elle fut courroucée de cette réponse, mais, le lendemain, il la fit monter à cheval et il l'y retint toute la journée sans qu'elle

16. *Essais*, liv. III, chap. XIII, « De l'expérience ».

pût satisfaire ses besoins. Alors elle lui dit : O seigneur, je sais maintenant à quel point tu m'aimes, je te conjure de t'en tenir là dans l'attachement que tu me portes. »

Comme les médecins de son époque, Luther croit aux propriétés thérapeutiques de tous les excréments : « Je suis surpris, écrit-il, que Dieu ait mis dans la fiente des remèdes si importants et si utiles. On sait par expérience que la fiente de truie arrête le sang et celle de cheval sert pour la pleurésie. La fiente de l'homme guérit les blessures et les pustules noires. La fiente de l'âne, mêlée à d'autres, s'emploie dans les cas de dysenterie ; la fiente de vache, mêlée avec des roses, est un fort bon remède de l'épilepsie qui attaque les enfants. »

Ces vérités stercorales ne sont pas ignorées des alchimistes qui s'aident aussi de l'excrément dans leur recherche de la pierre philosophale. Quant à l'urine, toujours considérée comme le miroir de l'organisme, suivant la prescription hippocratique, elle devient la spécialité de charlatans qui séviront longtemps en Occident avec les prétentions les plus extravagantes : certains n'affirmaient-ils pas être capables, à la seule inspection de ses urines, de déceler si une jeune personne était vierge ! Signalons qu'à cette époque, le mot « urine » n'est guère employé, on parle plutôt d'« eau » ou d'« état » [17].

Les pots à pisser se rencontrent partout, on les voit figurer dans les inventaires de succession, mais les cheminées sont tellement pratiques. Brantôme raconte que François Ier, après avoir honoré une dame de sa cour, se soulagea dans un âtre où un gentilhomme était caché derrière des fagots. Les chaises percées connaissent toujours la vogue, tous les monarques en possèdent. Catherine de Médicis en eut même trois, dont une tendue de noir après la mort d'Henri II, son mari. Lorsque le régicide Jacques Clément fut introduit auprès d'Henri III, celui-ci se tenait sur sa chaise, la robe de chambre sur ses épaules, et c'est dans cet état qu'il fut frappé.

Notons que le siège à effet d'eau apparaît à la fin du

---

17. *Journal du sire de Gouberville*, gentilhomme du Cotentin, 1533-1562, publié par l'abbé Tollemer, Valognes, 1873.

XVIe siècle, mais c'est en Grande-Bretagne. Son inventeur fut un certain John Harington (1561-1612), fils d'une bâtarde d'Henri VIII, neveu et filleul de la reine Elisabeth. Traducteur du *Roland furieux* de l'Arioste, c'était un poète obscur qui eut un jour une idée pratique : elle attendra deux siècles avant d'être réalisée.

Odieux pudibonds

Certains pisse-froid commencent à protester contre la liberté qui règne dans l'expression des besoins naturels. Au premier rang d'entre eux, l'un des principaux éducateurs de l'Occident, Erasme de Rotterdam. Dans son fameux *De civilitate morum puerilium* [18], un classique jusqu'au XIXe siècle et la principale source de Jean-Baptiste de La Salle, pointe déjà déjà la morale bourgeoise de la « discrétion » : « Il est mauvais pour la santé de retenir l'urine, honnête de la rendre en secret. Certains recommandent aux jeunes gens de retenir un vent en serrant les fesses. Eh bien ! Il est mal d'attraper une maladie en voulant être poli. Si l'on peut sortir, il faut le faire à l'écart. Sinon, il faut suivre le vieux précepte : cacher le bruit par une toux. »

C'est le début d'une longue suite de manuels, plus ou moins inspirés du Maître : ils recommandent tous aux enfants de procéder « secrètement et modestement » [19]. Même le pet n'est plus admis — par les moralistes, car il faudra plusieurs siècles pour l'étouffer dans la vie sociale de l'Occident —, et un auteur a exprimé cette défense en vers [20] :

> « Mais de péter garde qu'il ne t'échappe
> Retiens ce vent et en dedans l'attrape,
> Ferme le trou, joins les fesses ensemble,

---

18. Paru en 1530, cet ouvrage a été traduit en français en 1544.
19. Mathurin CORDIER, *Civilité puérile et honnête*, 1559.
20. Pierre BROË, *Des bonnes mœurs et honnêtes contenances que doit garder un jeune homme, tant à table qu'ailleurs, avec d'autres notables enseignements,* 1555.

Et serre fort encore qu'il te semble
Que la douleur te dois tant tourmenter
Comme une femme approchant d'enfanter
Car pour un pet puant et infâme
Fait à la table, il n'est homme ni femme
Qui ne te dise que tu es à outrance
L'un des plus grands archivilains de France. »

Un archevêque ira plus loin, à la fin du siècle, mais il a près de deux cents ans d'avance [21]. Voici en effet ce qu'il écrit, sur un ton de véritable pudeur victorienne : « Il n'est pas honnête à un gentilhomme bien appris de se préparer devant un chacun pour aller à ses nécessités naturelles. Et ayant mis fin à icelles, il n'est pas bien séant de se revêtir en présence d'autrui. Encore ne trouvé-je pas bon que revenant d'icelles, il se lave les mains en présence d'une honnête compagnie, pour ce que la raison pour laquelle il se lave représente quelque chose de maussade à l'imagination de ceux qui le voient. »

On comprend donc mieux dans quel contexte nouveau s'inscrit la protestation de Montaigne : « Qu'a fait l'action génitale aux hommes, si naturelle, si nécessaire et si juste, pour n'en oser parler sans vergogne et pour l'exclure des propos sérieux et réglés ? Nous prononçons hardiment tuer, dérober, trahir ; et cela, nous n'oserions qu'entre les dents ? »

Premières considérations architecturales

A partir du XVIe siècle, nous commençons à disposer de plans complets de maisons et les traités d'architecture se multiplient. Ils ne négligent pas la question des « aisances », clairement envisagée par des auteurs qui ne sont pas forcément des spécialistes de la bâtisse. Méprisant les gothiques qui s'enfermaient dans leurs logis comme dans des prisons — du moins l'humaniste Henri Estienne le prétend-il [22] —, ils leur reprochent la

21. Giovanni DELLA CASA, *La Galatée*, 1598.
22. *Traité préparatif à l'apologie pour Hérodote*, 1566.

mauvaise disposition des lieux : « Quant à l'endroit de la maison qu'il n'est pas honnête de nommer et toutefois y est nécessaire, ils n'ont pas imité la nature quant à lui choisir sa place. Car au lieu qu'elle a détourné si loin des yeux et du nez la plus vile et malplaisante partie du corps, ils mettaient cette partie de la maison à la vue d'un chacun et comme en parade. » Cette observation d'Estienne se retrouve chez le médecin Loys Guyon : « Les latrines, écrit-il, toujours posées au plus éminent lieu de la maison, ce qui devait être le plus écarté, hors du nez et des yeux, imitant la nature, qui a posé en notre corps les parties où se vident les immondices loin de notre nez et de nos yeux [23]. »

Ces deux aperçus émanent d'observateurs ayant vécu dans des demeures gothiques et ils ne manquent pas d'intérêt, malgré leur caractère laconique : les latrines médiévales — elles ont toutes disparu par suite d'aménagements postérieurs — se situaient donc très souvent au centre des logis.

Désormais, on les souhaiterait plus isolées. Dans ses *Dialogues*, Jean-Louis Vivès, philosophe et réformateur social, décrit une maison [24] : les aisances sont au grenier, à cause de l'odeur. Dans les pièces, la famille se sert de pots. L'architecte italien Serlio, appelé à Fontainebleau par François Ier, montrera, dans son ouvrage majeur [25], différents types de maisons françaises qui confirment ce désir nouveau d'éloignement des lieux, au dernier étage ou dans le jardin. Parfois aussi, déplorable pratique, attenants à la cuisine.

On eût attendu quelques précisions du plus grand novateur de l'architecture française de la Renaissance, Philibert Delorme. Mais l'auteur du château d'Anet n'a parlé, dans son œuvre écrite [26], que du problème de la « vidange des cuisines, privés, cloaques, baigneries et autres lieux immondes » : « Principalement les urines et pissats qui se doivent écouler et vider bien loin, en quelque rivière, si faire se peut, ou bien dedans les

23. *Diverses leçons*, 1570.
24. 1571.
25. L'*Architecture*, 1587, liv. I et II.
26. Troisième livre de l'édition de 1526.

fossés, si l'eau y court ordinairement, ou dedans les terres, qui de leur nature sont telles, que sitôt qu'elles reçoivent quelque eau, elle est incontinent engloutie, bue et perdue. »

Malheureusement, pas un mot sur les fosses qui commencent à préoccuper sérieusement les autorités : un arrêt du parlement de Paris du 13 septembre 1533 ordonne à nouveau — des dispositions dans ce sens avaient déjà été prises au Moyen Age — l'établissement des fosses fixes sous chaque maison. En novembre 1539, les résolutions fixées par le *Règlement et ordonnance pour tenir la ville de Paris nette et bien parée* sont nettement comminatoires : « Enjoignons à tous propriétaires des maisons, hôtels ou demeures où il n'y a aucunes fosses de retrait, qu'incontinent et sans délai et à toute diligence ils en fassent faire. » On enregistrera les constructions qui en sont dépourvues et leurs possesseurs seront contraints de s'exécuter dans les trois mois suivant l'injonction. Des peines rigoureuses sont prévues à l'égard des contrevenants. Bien entendu, ces textes resteront — en grande partie — lettre morte...

On en citerait d'autres concernant la province. Le parlement de Normandie, en 1519, prescrit d'établir les privés à la partie supérieure de la maison. A Bordeaux, en 1585, ordre est donné aux propriétaires de maisons « d'établir fosses et retraits pour servir de latrines. Est défendu aux habitants de la dite ville et à tous autres de jeter en les rues d'icelle par les fenêtres ou autres lieux, ordures, urines et autres eaux infectes et corrompues [27] ».

Toutefois, Maître Fifi — ainsi nomme-t-on le vidangeur — et ses aides ne peuvent plus travailler sans congés, ni dans la journée ni l'été. Ils deviennent des chevaliers de la brune, se déplaçant uniquement la nuit pour leurs besognes odorantes sur lesquelles nous reviendrons.

27. Michel GAUDIN, *Histoire et vie des égouts de Bordeaux*, thèse de médecine, 1958.

LE *Malade imaginaire* SUR SA CHAISE PERCÉE.
D'après une gravure de Moreau le Jeune.

2

Chaises percées, thomas et bourdaloues

Au temps de la libre pissette

Le XVIIe siècle, considéré — et présenté — à tort comme guindé par ceux qui n'ont voulu en retenir délibérément que les aspects héroïques et mystiques, conserve aussi, dans ses rapports avec les fonctions d'excrétion, cette totale simplicité si difficile à reconquérir aujourd'hui. Le dévoilement public des organes génitaux ne pose aucune question à l'âge d'or de la clystéromanie : cette pratique sera longtemps l'un des piliers du comique français et Molière lui-même y aura recours. Elle donnera lieu à une étonnante abondance de textes. Tendre son postère dans une position érotique bien connue sans pouvoir se rendre compte du déroulement exact de l'action prête évidemment aux situations permettant tous les quiproquos. Les illustrateurs, eux non plus, n'ont pas manqué de s'emparer du sujet, classique depuis le Moyen Age, et qui se chante sur tous les tons :

> « Maman, j'aime Robin
> Quand il prend médecine
> Il veut que sa cousine
> Lui tienne le bassin
> Maman, j'aime Robin. »

Dans le quotidien, personne ne se tracassera pour chercher un ustensile ou un retrait et l'exemple vient de haut. Furetière rapporte que le comte de Brancas, chevalier d'honneur d'Anne d'Autriche, laissa un jour la main de la reine pour aller uriner contre la tapisserie. Henri IV, en 1606, interdit de faire des ordures dans l'enclos du Louvre, sous peine d'un quart d'écu d'amende. Le jour même, Mademoiselle d'Agre surprenait le dauphin en train de s'exonérer contre la muraille de la pièce où il se tenait : « Eh ! Monsieur, lui dit-elle, je vous y prends ! Vous payerez un quart d'écu. » Il rougit et ne sut que dire, reconnaissant avoir contrevenu aux ordres de son père [1]. C'est le comte de Lude, neveu de Monsieur de Schomberg, surintendant des Finances, qui entre chez son oncle et va droit à la cheminée où il s'exonère abondamment, ce qui suscite l'hilarité générale [2]. Le poète Berthod, se promenant à travers Paris pour en faire la description en vers burlesques [3], s'arrête soudain dans la grande salle du Louvre :

> « Tiens, tiens, vois-tu pas un qui pisse
> Contre un pilier, ha, par ma foi
> Tout droit sous l'image du Roi ! »

Un témoignage de la fin du Grand Siècle [4] confirme cette liberté curieusement absente du monde des Tragiques, ce qui a permis de l'occulter : « Une dame de qualité, ayant à passer du faubourg Saint-Germain au quartier Saint-Eustache, pria un gentilhomme de ses amis de lui donner la main. Comme ils étaient dans la rue Dauphine, l'envie de pisser prit au cavalier. Il s'approcha d'un mur et pissa sans songer qu'il tenait la main d'une dame. Tout le monde les regardait, tout le monde riait et l'écuyer pissait toujours. Quand il eut fait et qu'il fut revenu de son absence : ''Excusez, dit-il, Madame, si je vous ai fait un peu attendre, c'est que j'ai une rétention d'urine qui m'incommode beaucoup''. » Pour s'amuser plus gaillardement, on peut agir comme le comte de Guiche, grand ami de Louis XIV : au

---

1. Jean HÉROARD, *Journal sur l'enfance et la jeunesse de Louis XIII, 1601-1628*, 1868, 2 vol.
2. Tallemant des Réaux, *Historiettes*, t. X.
3. 1652.
4. *Fureteriana*, 1696.

cours d'un bal, en 1658, il pissa tranquillement dans le manchon d'une dame occupée à danser.

Les personnes du sexe ne sont pas en reste et le mot de pudeur n'a guère de signification au XVIIe siècle : « Un jour, un garçon, c'est l'abbé Testu l'aîné, menait Madame de Cavoye chez Madame de Chavigny. ''Mon pauvre abbé, lui dit-elle en passant dans une grande salle, tourne la tête'', et elle se mit à pisser dans une cuvette [5]. » Bussy-Rabutin raconte que Mesdames de Sault, de la Trémoille et la marquise de la Ferté, étant allées à la comédie, furent toutes trois pressées par un besoin qu'elles satisfirent dans la loge où elles se trouvaient. Puis, importunées par la mauvaise odeur, elles prirent leurs excréments et les jetèrent dans le parterre. Ceux qui s'y trouvaient accablèrent d'injures les impudentes qui furent obligées de se retirer.

Voilà trois bougresses qui n'auraient pas été offusquées de se voir chansonner, comme cela arriva à la pieuse Louise-Angélique de La Fayette, demoiselle d'honneur d'Anne d'Autriche, et que Richelieu voulait jeter dans les bras de Louis XIII. Pour avoir ri trop fort, elle s'était oubliée dans la chambre de la reine et l'incident fit naturellement la joie des chansonniers :

« Petite Lafayette
Votre cas n'est pas net
Vous avez fait pissette
Dedans le cabinet
A la barbe royale
Et même, aux yeux de tous,
Vous avez fait la sale
Ayant pissé sous vous. »

Louise-Angélique n'était pas de taille à supporter de pareilles indécences : elle prit le voile au couvent de la Visitation, à Paris, rue Saint-Antoine, en 1637.

Les épisodes que nous venons de rapporter font paraître beaucoup plus conformes à l'esprit du temps les libres propos de

5. TALLEMANT DES RÉAUX, *Historiettes*, t. VII.

Liselotte, la Princesse Palatine, épouse du frère de Louis XIV, qui a longtemps été considérée comme une monstrueuse exception, explicable naturellement par son terroir d'origine. N'était-ce pas une Allemande ? Ce qu'elle a de germanique — à cette époque —, c'est de s'étonner que les femmes françaises — et la reine Marie-Thérèse pour commencer — parlent ouvertement de leurs règles devant les hommes. Cela ne se faisait pas outre-Rhin, comme cela ne se fera plus du tout en France à partir du XIXe siècle.

Mais pour ce qui est d'une sorte de scatomanie qui conjugue le verbe « chier » à tous les modes et à tous les temps, la duchesse d'Orléans reste un exemple connu, car elle a beaucoup écrit sur le sujet. Certaine lettre d'elle à sa tante, l'électrice de Hanovre, suscita longtemps la répulsion des gens de goût : l'édition Brunet, parue sous le Second Empire et prétendue complète, ne la reproduit pas [6]. Madame, en villégiature dans une maison de Fontainebleau, n'a pas de chaise percée. Elle est obligée d'aller dehors et ne chie pas à son aise quand son cul ne porte sur rien. Suivent des considérations sur cette opération si désagréable. Ce n'est pas l'avis de sa tante qui lui répond par un long texte, véritable apologie de la Chose où resurgissent toutes les croyances médicales du Moyen Age. Chions partout, écrit la princesse, il n'y a rien de meilleur !

Vivent les francs-péteurs !

En cette époque sans complexes, on urine, on défèque donc sans contrainte et, plus encore peut-être, on pète avec une intense satisfaction. Quelle belle anthologie pourrait être rassemblée avec tous les textes consacrés à « celui qui meurt à l'instant qu'il commence à naître » ! Cette admirable définition revient à l'abbé Cotin, académicien très répandu dans le

6. Non plus d'ailleurs celle qui vient de paraître au Mercure de France (1982), avec une préface de Pierre Gascar.

monde. Spécialiste du jeu des énigmes, il en a inventé plusieurs pour le « zéphir »[7]. Citons la plus charmante :

« Aucun œil ne me voit jamais
Je suis plus fragile qu'un verre
Mon bruit imite le tonnerre
Et je fuis le bruit que je fais.

Par moi l'un des sexes est touché
D'une très fâcheuse influence
Et l'on rougit de ma naissance
Comme on rougirait d'un péché.

Mesdames dont l'esprit charmant
De m'expliquer ose entreprendre
Gardez-vous bien de vous méprendre
Et de me faire en me nommant. »

Ne résistons pas non plus à reproduire un passage de *La défense du Pet*, attribuée à Saint-Evremond[8] :

« Si, pour un pet fait par hasard,
Votre cœur, où j'eus tant de part,
De moi pour jamais se retire,
Voyez que dores en avant
Vous me donnez sujet de dire
Que vous changez au moindre vent ! »

On peut faire plus simple, comme le rapporte la Palatine : un jour que le jeune Louis XV souffrait d'une colique venteuse, Madame lui tendit un billet dont la lecture le fit bien rire :

7. *Recueil des énigmes de ce temps*, par Charles COTIN, conseiller et aumônier du Roy, 1655.
8. Reproduite dans *Pièces désopilantes recueillies pour l'esbatement de quelques pantagruélistes.* A Paris, près Charenton, chez un libraire qui n'est pas triste, 1866.

« Vous qui, dans le mésentère
Avez des vents impétueux,
Ils sont dangereux
Et pour vous en défaire
Pétez !
Pétez, vous ne sauriez mieux faire. »

Malgré les recommandations des livres de civilités, les francs-péteurs feront encore longtemps la loi, avec l'approbation du corps médical. Celui-ci n'est pas non plus partisan qu'on se retienne d'uriner, car cet effort pourrait donner la maladie de la pierre. Aussi bien, pourquoi ne pas emporter son pot de commodité à l'église, au cas où un Bossuet ou un Bourdaloue s'éterniserait dans la chaire, ce qui fut fréquent.

Une certaine cassolette...

Est-ce au Grand Siècle que les vases de nuit adaptés à la morphologie féminine ont été dénommés « bourdaloues » ? Le Larousse du XIXe siècle l'affirme, mais ne le prouve pas dans la définition suivante [9] : « Nom donné, à la fin du XVIIe et au commencement du XVIIIe, à des vases de nuit de forme ovale et de petites dimensions, sur le fond desquels était peint un œil entouré souvent de légendes grivoises. Ces vases furent ainsi appelés par allusion sans doute aux confidences de toute sorte que recevait forcément le fameux prédicateur jésuite Louis Bourdaloue, en sa qualité de confesseur des dames de la cour. » Ce fameux œil, entouré de la phrase « Je te vois », n'est vraiment attesté qu'au XVIIIe siècle et n'a rien à voir avec le rôle de Bourdaloue comme confesseur. Mais Pierre Larousse, instituteur anticlérical, a sans doute confondu l'atmosphère « sérieuse » d'un temple maçonnique avec celui d'une église. Il n'avait aucune idée de l'atmosphère de liberté qui régna — jusqu'à la Révolution — dans les relations des catholiques avec leur religion.

9. Article Bourdaloue, t. II de l'édition du *Grand Dictionnaire universel du XIXe siècle*, de Pierre Larousse, 1867.

Bourdaloue, dans l'église professe des jésuites, rue Saint-Antoine, pouvait prêcher pendant près de deux heures : il est attesté que les bigotes, toujours très nombreuses à venir écouter le grand sermonnaire, se munissaient, par précaution, d'un petit vase.

Ce pot à pisser a certainement donné lieu à un artisanat florissant, car il se confectionna en tous matériaux. Mazarin en possédait un en verre et deux en argent ; Louis XIV, également de ce métal et gravé aux armes de France. Chez les bourgeois, on se contente d'étain ou de cuivre, plus léger pour le voyage. Parfois, les grands seigneurs doivent se contenter du modeste pot en terre, comme ce fut le cas, un jour, pour la Palatine [10] : « On m'apporta un pot de chambre en terre que je plaçai sur une chaise de paille. J'étais dans le fort de l'action, voilà le pot qui se brise. Par bonheur, je me retins à une table sans quoi je serais tombée... Et si je n'avais sauté prestement, les tessons m'auraient terriblement déchirée. »

De ce « thomas », autre terme fréquent, peut-être à cause de l'antienne « Vide Thomas », plusieurs écrivains vont tirer une *vis comica* presque incompréhensible de nos jours. Relisons l'étonnant Béroalde de Verville — chanoine de Saint-Gatien, à Tours — dont *Le Moyen de parvenir*, « monstrueux mélange d'érudition et de grossièreté, de savoir et d'obscénité », au dire de Lazare Sainéan, contient deux savoureuses histoires où le pot de chambre joue un rôle essentiel. La première s'intitule « Conte du crabe attaché au bord de l'écuelle d'une femme par une patte et à la lèvre supérieure du mari par l'autre ». Un crabe, échappé du panier d'un poissonnier, se glisse dans un thomas. Pendant la nuit, Madame se lève et elle arrose le crabe qui se réveille et happe la « fente mignarde ». Réveillé par les cris de sa femme, Monsieur fait apporter la chandelle et dit : « Paix, ma mie, je lui ferai bien lâcher prise, je sais le secret, il me faut souffler contre. » Ce qu'il fait aussitôt et le crabe, levant l'autre patte, le pince à la lèvre près du nez. Le valet de

10. Dr CABANÈS, *La Belle-Sœur du Grand Roi*, une Allemande à la cour de France, s.d.

chambre va chercher des ciseaux, coupe les deux bras de la bête et remet ses maîtres en liberté. La seconde histoire, « Conte d'un moine pris comme une souris », narre ce qu'il advint à ce bon père, logé chez des amis. On place un pot sur sa chaise et à côté une ratière au ressort bandé. En pleine nuit, voulant faire de l'eau, notre cordelier se trompe, le ressort se détend et voilà le cas du moine bien serré. Il hurle et on le dégage.

Scarron, le maître du burlesque, devait être obsédé par les odeurs — il a souvent parlé de la mauvaise haleine, certainement très fréquente à son époque à cause du manque d'hygiène buccale, et il a plusieurs fois utilisé le pot de chambre dans ses œuvres. D'abord, dans *Le Roman comique*. Au cours d'une bagarre, Ragotin se fourre le pied dans un pot d'étain et on devra mander un serrurier pour le libérer en quelques coups de lime. Notons que toutes les auberges ne mettaient pas de vase à la disposition des voyageurs : ceux qui ne s'en munissaient pas dans leurs bagages se soulageaient naturellement dans les cheminées.

Dans la pièce intitulée *Don Japhet d'Arménie*, le héros, posté en chemise sur un balcon, se fait copieusement arroser, d'une fenêtre au-dessus, par une duègne qui lui vide un vase sur la tête en criant néanmoins : « Gare l'eau ! » Et Don Japhet de répondre :

« Gare l'eau ! Bon Dieu ! La pourriture !
Cet accident ne promet rien de bon.
Ah, chienne de duègne, ou servante, ou démone,
Tu m'as tout compissé, pisseuse abominable,
Sépulcre d'os vivants, habitacle du diable… »

Or, la vilaine recommence :

« La diablesse a redoublé la dose !
Exécrable guenon ! Si c'était de l'eau de rose
On pourrait la souffrir par le grand froid qu'il fait.
Mais je suis tout couvert de ton déluge infect
Et quand j'espérerais le retour de ma belle,
Etant tout putréfait, que ferais-je pour elle ?

Que maudits soient l'amour et les balcons maudits
D'où l'on sort tout couvert d'urine et sans habits ! »

Même scène dans *L'Etourdi*, la première des comédies de Molière [11] et l'une de celles qui furent jouées avec succès jusqu'à sa mort. Dans cette farce dont les personnages sont inconsistants et les épisodes simplement juxtaposés, Trufaldin jette le contenu d'un pot sur Léandre :

« ... Mais pour vous régaler
Du souci qui pour elle ici vous inquiète,
Elle vous fait présent de cette cassolette. »

Réponse de Léandre qui se préparait à enlever Clélie :

« Fi, cela sent mauvais et je suis tout gâté ;
Nous sommes découverts, tirons de ce côté. »

Remarquons que le choix des aniterges, au XVIIe siècle, ne semble pas avoir été le même sujet de plaisanteries qu'à la Renaissance. D'après Liger, il dépend étroitement de la classe sociale. Le cardinal de Richelieu préférait le chanvre et Madame de Maintenon la laine mérinos. Avec les bourgeois, on descend à l'étoupe et, chez les pauvres, herbes et cailloux font l'affaire. Les intellectuels se servent de pages arrachées à des livres ou de leurs documents personnels :

« Et pour prix de sa peine aux grands vents dispersés
Tous ses papiers servir à la chaise percée »,

écrit le poète Mathurin Régnier [12]. En désespoir de cause, il reste toujours les doigts :

« Suce tes doigts, canaille,
Et ne les torche pas sur cette muraille »,

dit une inscription du XVIIe siècle.

11. Première représentation à Paris, en novembre 1658.
12. *Satire*, 2, 1609. De quoi dépend cet infinitif ? Cette difficulté grammaticale a amené un commentateur à proposer : « Vont ses papiers. »

Recevoir sur sa chaise

Très utile, le pot de chambre n'est guère confortable, même installé sur une chaise. Le XVIIe siècle va voir se répandre, dans toutes les classes possédantes, une belle pièce d'ébénisterie déjà appréciée dans les maisons royales, la chaise percée. Un inventaire de Versailles, sous Louis XIV, a donné le chiffre de 274 chaises d'affaires, 208 simples avec le bassin en dessous ; 66 à layette, le bassin étant contenu dans un tiroir fermé. Livrés par des tapissiers, ces meubles de qualité sont recouverts de velours bordé de crépines ; ils renferment un bassin de faïence ou d'argent et comportent parfois un guéridon permettant de lire et d'écrire. Certains se présentent avec le siège en forme de gros livres portant l'inscription suivante : « Voyage aux Pays-Bas. » Chaque chambre dispose de sa chaise, elle est rangée dans une pièce attenante, la garde-robe.

On sait que Louis XIII, déjà, recevait sur ce trône. D'après Tallemant, son bouffon, Marais, lui aurait dit un jour : « Il y a deux choses à votre métier dont je ne me pourrais accommoder. — Eh quoi ? — De manger tout seul et de chier en compagnie. » Son fils Louis XIV fit de même et Saint-Simon nous a montré le duc Louis-Joseph de Vendôme, petit-fils d'Henri IV, prenant le plus grand plaisir à cette véritable cérémonie : « Il se levait assez tôt à l'armée, se mettait sur sa chaise percée, y faisait ses lettres et y donnait ses ordres du matin. Qui avait affaire à lui, c'est-à-dire pour les officiers généraux et les gens distingués, c'était le temps de lui parler. Il avait accoutumé l'armée à cette infâmie. Là, il déjeunait à fonds, et souvent avec deux ou trois familiers, rendait d'autant, soit en mangeant, soit en écoutant, ou en donnant des ordres ; et toujours force spectateurs debout. Il faut passer ces honteux détails pour le bien connaître. Il rendait beaucoup ; quand le bassin était plein, on le tirait et on le passait sous le nez de toute la compagnie pour l'aller vider, et souvent plus d'une fois. Le jour de barbe, le même bassin dans lequel il venait de se soulager servait à lui faire la barbe. C'était une simplicité de mœurs, selon lui, digne des premiers Romains, et qui condamnait tout le faste et le superflu des autres. »

Depuis quand les monarques français ont-ils eu à leur service des valets de chambre pour s'occuper spécialement de leur chaise d'affaires, autrement dit des « chevaliers porte-coton », et jusqu'où ces derniers poussaient-ils les devoirs de leur charge, la question vaut d'être posée. Nous avons une certitude pour Henri IV, le journal d'Héroard l'établit : « Monsieur de la Court dit au dauphin : Monsieur, avez-vous pas entendu que papa a dit que vous apprissiez à vous laver les mains tout seul et à vous torcher le cul ? — Oui. — Que ne lui disiez-vous qu'il ne le torchait pas lui-même ? — Je n'eusse osé, il m'eust donné le fouet. » Cette scène se déroulait le 23 septembre 1606, le futur Louis XIII avait alors cinq ans. Marie de Médicis eut également un porte-chaise et ce fut un homme, Nicolas Guillois [13]. Est-ce que lui aussi ?...

Les privés sont au grenier

Selon la formule du XVIe siècle, l'installation des commodités continue à se faire au sommet de la maison, le médecin Louis Savot l'affirme, au début du règne de Louis XIII [14] : « Le siège et ouverture des privés sera au galetas, d'autant que s'il était plus bas, la puanteur se pourrait plus aisément répandre par le corps de logis : ce qui ne peut arriver sitôt, quand ils sont situés aux lieux les plus hauts, le propre de l'odeur étant de gagner toujours le haut. Ils ne laisseront pourtant d'avoir un soupirail ou ventouse qui passera outre la couverture. »

L'ensemble de la question à cette époque a été parfaitement résumé par François Blondel, dans son célèbre *Cours d'architecture* : « L'on pourvoit à la netteté et à la commodité des maisons particulières par la construction de fosses d'aisances qui doivent être assez profondes, bien voûtées, bâties de gros murs bien

13. Michel CARMONA, *Marie de Médicis*, Paris, Fayard, 1981, 635 p.
14. *L'Architecture française des bâtiments particuliers*, 1624.

épais et de bonne matière, éloignées des puits, caves, citernes et autres lieux qui peuvent se ressentir de leur puanteur. Il faut s'il se peut les faire traverser par des canaux qui portent l'eau de quelque ruisseau, ou du moins des égouts des pluies ; sinon il faut avoir le soin de les vider de temps en temps. Leurs sièges doivent être au plus haut du bâtiment, c'est-à-dire autant éloignés qu'il se peut des appartements que l'on habite. Elles doivent outre leurs sièges avoir des évents ou soupiraux qui aboutissent dans le toit. Leur chausse doit être forte et construite solidement. On les fait à Paris avec des pots de terre cuite plombée, enchâssés et bien mastiqués l'un dans l'autre et recouverts de bonne maçonnerie depuis le haut jusqu'en bas. Il faut qu'il y ait de ces fosses en divers endroits les plus écartés du logis et en quantité proportionnée à la grandeur de la famille qui y habite. »

Du grenier au toit, il n'y a qu'un pas que semblent avoir franchi les habitants du Midi, si on en croit le témoignage de Jean-Jacques Bouchard qui alla de Paris à Rome en 1630 [15]. Ce fieffé libertin — il raconte, en caractères grecs, des scènes de masturbation collective avec ses camarades du collège de Calvy qui sont uniques dans la littérature française de l'Age classique — écrit en propres termes au sujet d'Aix, de Marseille et d'Arles : « L'usage des fosses de privés n'y étant point reçu, il faut aller faire ses affaires sur les toits des maisons, ce qui empuantit fort les logis et même toute la ville, principalement lorsqu'il pleut. » Bouchard ne nous dit pas si les dames devaient se prêter aussi à un tel exercice, à moins d'édicules installés sur les toitures.

A Paris, on rencontre déjà les privés rejetés à l'extrémité d'une aile de bâtiment dans un hôtel particulier dont le plan a été dressé par l'architecte Charles Daviler : cinq lunettes établies près de la remise des carrosses. Selon Pierre Bullet [16], il faut prendre grand soin des tuyaux de descente, « car il n'y a

---

15. *Les Confessions de J.-J. Bouchard*, suivies de son voyage de Paris à Rome, publiées pour la première fois à Paris en 1881.

16. *L'Architecture pratique*, 1691.

rien de si subtil que la vapeur qui vient des matières et des urines, elle passe par la moindre petite ouverture et infecte les maisons ». D'où la nécessité de poteries aux joints bien mastiqués ou de tuyaux de plomb enfermés dans de la pierre de taille, tous les architectes sont d'accord là-dessus à cette époque. Bullet — qui acheva la porte Saint-Denis et éleva la porte Saint-Martin — prétend, dans un opuscule [17], avoir trouvé un moyen d'éliminer les mauvaises odeurs provenant des lieux, mais il ne révèle pas son secret.

Trop peu de propriétaires parisiens se soucient de respecter les édits royaux déjà anciens et toutes les maisons de la capitale ne sont pas équipées de fosses. En 1668, les commissaires du Châtelet déclarent « qu'en la plupart des quartiers, les propriétaires des maisons se sont dispensés d'y faire des fosses et latrines, quoique ils aient logé dans aucune des dites maisons jusqu'à vingt et vingt-cinq familles, ce qui cause en la plupart de si grandes puanteurs qu'il y a lieu d'en craindre des inconvénients fâcheux ». On croirait lire le rapport d'une commission de salubrité opérant dans les mêmes lieux, en 1914...

Le titulaire de la nouvelle charge de lieutenant de Police, Nicolas de la Reynie, par l'ordonnance du 24 septembre 1668, enjoindra à nouveau aux propriétaires l'installation de locaux spéciaux pour recevoir, dans les maisons mêmes, toutes les matières excrémentielles. Quelle ignorance administrative de la bonne tradition ! Un rapport de 1697 nous apprend que certains habitants du quartier Saint-Denis « se sont accoutumés à jeter tant de jour que de nuit dans les rues par les fenêtres de leurs maisons toutes leurs eaux, ordures, saletés, urines et matières ». Il est difficile de les prendre sur le fait car « le dit désordre arrive ordinairement de nuit, dans un temps où on ne peut pas facilement reconnaître l'endroit d'où vient la contravention ». Un long combat commence. Ne serait-ce qu'à Paris, pourtant siège de tous les pouvoirs, il faudra plus de deux

17. *Observations sur la nature et sur les effets de la mauvaise odeur des lieux ou aisances et cloaques et sur l'importance dont il est d'éviter cette mauvaise odeur pour la conservation de la santé.*

siècles pour obliger les propriétaires à se plier aux exigences de l'hygiène, comme nous le verrons peu à peu.

Dans un tel contexte, on conçoit que l'exercice du métier de vidangeur ne soit guère lucratif et l'histoire de la corporation des « gadouards » est très obscure. Quel chef-d'œuvre aurait-il fallu réaliser pour être intronisé maître vidangeur ? Sans doute mécontents d'être peu payés, les compagnons, en 1670, veulent quitter leurs maîtres pour travailler librement. L'année suivante, un arrêt du parlement de Paris leur enjoint de revenir chez leurs patrons. Mais la profession devra encore attendre plus de vingt ans une sorte de reconnaissance officielle. Dans l'arrêt du parlement de Paris du 11 septembre 1696, les employeurs sont qualifiés de « maîtres des basses œuvres, vidangeurs d'aisances, puits et cloaques de la ville et faubourgs de Paris ». Défense est faite à tous maçons, manœuvres ou autres gens sans qualité d'entreprendre leurs ouvrages. La police va les surveiller de près, pour des raisons faciles à deviner : s'ils trouvent des cadavres ou des ossements dans les fosses, ils doivent le déclarer aussitôt au commissaire de quartier. Car on découvre beaucoup de choses, dans les profondeurs d'une maison, et Scarron le savait déjà [18] :

> « Il entendit des cris sans nombre
> D'enfants jetés dans les privés
> Par maintes femmes indiscrètes. »

Maudites crottes de Paris

Seuls certains quartiers du Caire ou de Calcutta peuvent aujourd'hui donner une idée du Paris du Grand Siècle, ce qui précède le laisse largement deviner. Le poète Claude Le Petit, brûlé en place de Grève, le 1er septembre 1662, pour avoir écrit *Le Bordel des Muses* [19] — il était sans doute aussi coupable de

18. *Virgile travesti.*
19. Réédité par Frédéric Lachèvre dans sa série consacrée au libertinage au XVIIe siècle, 1918, t. V.

« bougrerie » —, a laissé une suite de dizains, intitulée *Paris ridicule*, qui révèle le vrai portrait de l'habitant de cette gigantesque latrine pour 500 000 personnes :

« Mes souliers, mes bas, mon manteau,
Mon colet, mes gands, mon chapeau,
Sont passés en même teinture ;
Et dans l'état où je me vois,
Je me prendrais pour une ordure
Si je ne me disais : c'est moi ! »

Et la boue de Paris, la voici, telle qu'en elle-même enfin un affreux marginal a osé la dénoncer :

« Elixir d'excréments pourris,
Maudites crottes de Paris,
Bran de damnés abominables,
Matière fécale d'enfer,
Noires gringuenaudes* du Diable,
Le Diable vous puisse étouffer ! »

Dans cette capitale « de l'ordure et du pissat », même au Palais de Justice et au Louvre, où se croisent journellement des milliers de personnes, qui se gênerait ? Il faut faire très attention où l'on met les pieds dans les cours, les couloirs et les escaliers. Les bottes portées en permanence s'imposent comme le modèle de chaussures le plus adapté à Paris. Les terrasses des Tuileries sont inabordables, elles exhalent une odeur épouvantable, car chacun s'y exonère tranquillement, à l'abri des ifs.

A la fin du siècle seulement, un particulier inconnu — très en avance sur son temps — adressa à Louis XIV une demande de privilège pour des chaises percées à placer au Louvre, au Palais de Justice, dans divers endroits de Paris et jusque dans les faubourgs [20] : « Elles seront faites de manière bienséante et

* Reste de matière qui s'attache aux poils du fondement. On dit aujourd'hui « grelots ».

20. Rapporté par Alfred FRANKLIN in *La Vie privée d'autrefois : arts et métiers, modes, mœurs, usages des Parisiens, du* XIIe *au* XVIIIe *siècle*, 27 vol., 1887-1902, t. VII, *L'Hygiène*.

ne paraîtront pas ce qu'elles seront. » Ce projet n'eut malheureusement aucune suite.

Pourquoi s'inquiéter de la merde et de la pisse, ne sont-elles pas des trésors dont certains médecins vantent toujours les qualités ? A la fin du XVIIe siècle, un médecin allemand — qui écrit en latin —, Christian-Franz Paullini, publie un ouvrage intitulé *La Pharmacie de la merde*, c'est-à-dire comment presque toutes les maladies, même les plus graves, peuvent être guéries au moyen de la merde et de l'urine. Ce livre aura plusieurs éditions.

Le Cul n'a pas encore de lois, au XVIIe siècle. La vision universitaire et petite-bourgeoise de l'époque classique n'est qu'une mystification *ad usum delphini* et que l'enseignement secondaire a puissamment contribué à établir. L'un des plus grands succès littéraires de l'Age classique, mais cela ne se dit pas dans les manuels, fut *L'Histoire comique de Francion*, de Charles Sorel [21]. Dans le troisième livre de son roman, l'auteur raconte un rêve qui ne devait pas scandaliser ses contemporains, s'il a tout pour épouvanter un régent de collège du XIXe ou du XXe siècle : « ... Enfin, m'étant couché sur le dos, une belle dame se vint agenouiller près de moi et, me mettant un entonnoir sur la bouche, et tenant un vase, me dit qu'elle me voulait faire boire d'une liqueur délicieuse. J'ouvrais déjà le gosier plus large que celui de ce chantre qui avala une souris en buvant, lorsque, s'étant un peu relevée, elle pissa plus d'une pinte d'urine, mesure de Saint-Denis, qu'elle me fit engorger. »

En 1650, on pourra encore écrire un poème de onze strophes intitulé *Le Triomphe du Cul* :

> « On m'a dit qu'il a des défauts
> Qui me causeront mille maux
> Car il est farouche à merveille.
> Il est dur comme un diamant,
> Il est sans yeux et sans oreilles
> Et ne parle que rarement.

21. 1623. Nombreuses traductions en anglais et en allemand.

Mais je l'aime et veux que mes vers
Par tous les coins de l'univers
En fassent vivre la mémoire. »

Il reste à l'Œil de Bronze une bonne centaine d'années pour s'épanouir sans contraintes avant le Grand Resserrement ordonné par les bourgeois. Car le dernier siècle de la monarchie sera également celui de l'épanouissement de la scatologie.

3

Quand soufflent les derniers « zéphirs »

Où la rate se désopile

Que n'a-t-on pas écrit sur la « rationalité » du siècle des philosophes ! Héritiers légitimes de Descartes, mais passant outre les limites que ce catholique respectueux s'était lui-même fixées, aucun domaine de la vie religieuse, intellectuelle et sociale n'échappait désormais à leurs investigations de plus en plus minutieuses. Ces esprits libérés de tout obscurantisme incarnaient le meilleur de la nouvelle classe montante tenant fermement en bride ces bas instincts destructeurs auxquels la noblesse n'avait que trop tendance à s'abandonner. Sa vie dissolue n'en offrait-elle pas de déplorables exemples que symbolisait le marquis de Sade ou l'œuvre perverse de Choderlos de Laclos, par ailleurs et inexplicablement un officier du plus haut mérite et même un bon mari.

Cette pieuse image laïque, reproduite à l'envi dans de nombreux ouvrages et que les bacheliers emportent dans leurs souvenirs, ne nous semble pourtant pas rendre compte d'une certaine face de cette époque : après le XVIe siècle, elle marque en France le second et sans doute le dernier âge d'or de la scatologie.

Ne craignons donc pas de descendre au plus profond de cet abîme. Son exploration révèle combien le Divin Marquis, dans ses audaces, est tout aussi proche de ces contemporains qu'un Rabelais pouvait l'être. Il appartient à une tradition française que les bourgeois ne briseront vraiment qu'au XIXe siècle : ils devront payer cette tentative insensée par l'obligation de s'allonger sur les divans du Dr Freud et de ses successeurs. Nous examinerons ensuite le nouvel état de la réflexion scientifique concernant le stercoral et les expériences tentées pour canaliser les déjections excrémentielles.

Commençons par le plus léger, ce « zéphir » tant célébré au siècle précédent. Il y a évidemment la façon médicale d'en parler et Combalusier, régent de la faculté de médecine de Paris, s'y emploiera en deux volumes [1]. Avec une conclusion saine : les stoïciens avaient raison, chacun doit être libre de lâcher des vents en tout temps, par en haut et par en bas. L'ouvrage de Pierre Hurtault — professeur à l'Ecole militaire — est beaucoup plus drôle avec un titre, *L'Art de péter* [2], qui tient ses promesses. Il contient une précieuse typologie des pets de province, ceux des bourgeoises, des paysannes, des bergères, beaucoup moins falsifiés qu'à Paris où on raffine sur tout. La *Grande Encyclopédie du XIXe siècle* citera Hurtault, mais avec des pincettes : « Son ouvrage le plus connu et le plus recherché des amateurs est un traité qui fait partie de la bibliothèque scatologique et dont nous ne saurions citer ici le titre. » Nous révélerons encore *Histoire et Aventures de Milord Pet*, dédié à « Messieurs les Vidangeurs de la Ville et Généralité de Paris, seigneurs des basses œuvres du Royaume » : ce livre est signé d'un pseudonyme féminin, Jeanne Fesse ! [3] ; *Le Discours sur la musique zéphirienne*, opuscule facétieux d'Emmanuel Marti, doyen de l'église d'Alone [4] ; *« L'Art de désopiler la rate en*

1. *Pneumopathologie ou traité des maladies venteuses*, 1754.
2. *L'Art de péter*, essai théori-physique et méthodique à l'usage des personnes constipées, des personnes graves et austères, des dames mélancoliques et de tous ceux qui sont esclaves du préjugé. En Wesphalie, chez Florent Q, rue Pet-en-Gueule, 1776.
3. *Histoire et Aventures de Milord Pet*, conte allégorique par Madame F. à La Haye, 1755.
4. *L'Oratio pro crepitu ventris* serait parue en 1768. On la retrouve au XIXe siècle sous le titre suivant : *« Discours sur la musique zéphirienne adressée aux vénérables crépitophiles »*, opuscule facétieux d'Emmanuel MARTI, doyen de l'église d'Alona, texte original accompagné de sa première traduction et illustré d'historiettes crépitantes par un professeur de basson, 1873. L'ecclésiastique espagnol E.M. a réellement existé, il vécut de 1663 à 1737.

prenant chaque feuillet pour se t. le D., entremêlé de quelques bonnes choses », par Joseph Panckouke [5] ; *L'Art de péter*, par Mercier de Compiègne. Ce libraire fait partie de la bande des encyclopédistes et il lutte contre l'intolérance des « culs serrés » en plagiant Hurtault sans le nommer [6].

Cependant, la tradition érasmienne de maîtrise du corps se manifeste dans l'action de Jean-Baptiste de La Salle qui a tant fait pour l'instruction du peuple. Dans son traité de bonne tenue [7], il est catégorique à cet égard : « Il est très incivil de laisser sortir des vents de son corps, soit par haut, soit par bas, quand même ce serait sans faire aucun bruit, lorsqu'on est en compagnie. Il est honteux et indécent de le faire d'une manière qu'on puisse être entendu des autres. »

La libre expression des intestins venteux reste donc plus que jamais à la mode, mais il y a de nombreux amateurs pour s'ébaudir aussi de la matière elle-même et de ses caprices. Quel éditeur hardi osera relancer *« La Foiropédie »* [8] ou *« La Chiropédie »* [9] ? Parmi les choses sérieuses de la vie, il faut en convenir, se situe l'éternel débat des constipés et des foireux, deux types d'hommes que les caractérologues ont tort de négliger et que certains auteurs du XVIIIe siècle n'ont pas hésité à mettre directement en scène.

Ainsi cette stupéfiante parodie de *Zaïre*, tragédie de Voltaire, intitulée *Caquire* par son auteur, M. de Combles, un ancien conseiller à la cour des monnaies de Lyon [10]. Dès l'adresse aux critiques, on admire la franchise du propos : « Soyez de bonne foi, Messieurs ; convenez qu'il ne fallait point être un médiocre cuisinier pour avoir mis les étrons à tant de sauces, souvent avec assez de haut goût, et en conservant toutes les beautés de

5. A Gallipoli de Calabre, 1754.
6. *An VII de la République* (1798).
7. *Les Règles de la bienséance et de la civilité chrétienne*, 1729.
8. *Almanach des chieurs ou le passe-temps de la garde-robe*. Etrennes odoriférantes dédiées à tous les nez pour la présente année.
9. *Nouvel Almanach des chieurs*, étrennes merdeuses dédiées aux lécheurs pour la présente année. Cet ouvrage, comme le précédent, ne figure pas au catalogue de la Bibliothèque nationale.
10. *Caquire*, 2e éd. considérablement emmerdée, à Chio, de l'imprimerie d'Avalons, s.d.

situation du chef-d'œuvre que j'ai parodié presque mot à mot ? Au surplus, si vous persistez dans votre critique, je m'en bats les fesses. » Le spectacle sera enrichi d'un ballet « exécuté par des vidangeurs ayant tous une benne à merde sur la tête en guise de capuchon, et à chaque main un bassin de chaise percée de fer-blanc, dont ils se servent comme des cymbales, et mêlent leurs sons à ceux de l'orchestre dont les instruments sont à vent, ce qui produit un effet merveilleux ». L'action se déroule dans les privés du sérail ; les acteurs portent des costumes tachés d'une certaine couleur et des accessoires empruntés aux cabinets. On les a affublés de noms sans équivoque : Cucumane, sultan d'Etronie ; Pupartout, prince de Foirance ; Caquire et Foirine, esclaves du Soudan, etc.

Pour donner une idée du ton de cette pièce — nous ignorons si elle a été réellement représentée, mais ce n'est pas impossible —, citons l'aveu de Cucumane à Caquire :

« Je vous aime, Caquire, et j'attends de vos cottes
Les mêmes résultats que ceux de mes culottes.
Je l'avouerai, mon cœur ne veut rien qu'ardemment ;
Crotailler ne serait que m'aimer faiblement.
De tous mes intestins tel est le caractère,
Je veux pour vos beaux yeux chier dur comme pierre.
Si votre ventre peut s'asservir à mes goûts,
Crottant à l'unisson, que mon sort sera doux !
Mais des nœuds de l'hymen l'étreinte dangereuse
Me rendrait malheureux avec une foireuse. »

Et l'esclave de répondre :

« S'il dépend en effet de mes crottes secrètes,
Quel mortel fut jamais plus heureux que vous l'êtes.
Les noms de constipés, et d'amants et d'époux,
Ces noms nous sont communs... »

M. de Combles, rappelons-le, n'était pas un quelconque folliculaire, mais un personnage d'un rang social élevé. On peut en dire autant de Marguerite de Lubet, fille d'un président au parlement de Paris, auteur de plusieurs féeries très appréciées,

Le Prince Glacé et la Princesse Etincelante ou *La Princesse Sensible et le Prince Typhon* : elles furent loin d'atteindre le succès de son œuvre maîtresse, plusieurs fois réimprimée, *L'Histoire secrète du Prince Croquétron et de la Princesse Foirette* [11]. Ici, tout de même, on donne dans le convenable, malgré des patronymes évocateurs, Pétaut, roi de Caca, sa fille, Foirette, le ministre Constipati. A côté de quelques morceaux assez gras, on goûte des pièces charmantes, comme celle-ci :

« A une demoiselle qui avait envoyé dans une lettre huit morceaux de papier blanc à son amant.
Votre présent m'a tout à fait vaincu,
Iris, voyez comme il me touche,
Pour huit baisers qu'en recevra mon cu,
J'en rendrai cent à votre bouche. »

A cette liste déjà trop longue, nous pourrions encore joindre le *Conte d'Acajou et de Zirphile* [12], où interviennent des génies malfaisants dont la puissance dépend d'un pot de chambre caché dans un lieu secret de leur château et gardé par un chat. Quel universitaire en mal de thèse choisira d'étudier les parades du Boulevard ? Arlequin s'y vautre maintenant dans la farce bien brenneuse où le baril de merde se vend pour du miel [13]. Les auteurs du genre « poissard » — totalement occultés dans les histoires de la littérature française alors que leur audience fut considérable — ne dédaigneront pas le ragoût scatologique. Ainsi l'un des plus célèbres d'entre eux, Charles Racot de Grandval, dont le père écrivait déjà des comédies du même genre. En 1754, il donnera l'histoire de *Sirop-au-Cul*, roi de Merdenchine et amant d'Etronie. Ces délicatesses ravissaient le comte de Maurepas, ministre de Louis XV et de Louis XVI : il composait lui-même des parades très libres, jouées ensuite dans son château de Pontchartrain et son hôtel de la rue de Grenelle. Soulignons que l'inspiration « poissarde »

11. Réimpression textuelle de l'édition publiée à Paris vers 1790, Nice, chez Goy et Fils, 1873. La première édition de cet opuscule daterait de 1745.
12. 1744.
13. *Le Marchand de merde*, 1756.

donnera lieu à toutes sortes de chansons populaires que l'on proposait dans les rues, au moins à Paris : elles étaient souvent illustrées par des scènes de miction et de défécation.

Un écrivain aussi répandu dans le meilleur monde parisien que le poète Piron écrira en 1744, au moment de la convalescence de Louis XV à Metz, une ode intitulée *L'Etron royal*. Ce morceau lui aurait valu son échec à l'Académie française, ce que nous avons du mal à admettre étant donné les mœurs de ce temps. En voici deux strophes significatives :

« Que vois-je ! O Ciel ! C'est un étron !
Que la matière en est louable !
Il est gros comme un saucisson
Et garnirait bien une table.
C'est l'œuvre du plus grand des rois,
L'odeur, le goût sentent le trône ;
Et jamais un anus bourgeois
N'en eût accouché sans matrône.

Instrument de notre bonheur,
Etron, délice de la France,
Je te croquerais de bon cœur,
Si je t'avais en ma puissance.
Mais je vois Dumoulin présent
Te regarder d'un œil d'envie
Ciel ! Il porte sur toi la dent,
En dépit de La Peyronie [14]. »

Pour conclure sur cet état d'esprit, n'oublions pas le succès remporté par l'un des ouvrages de Swift que l'on se dépêcha d'oublier par la suite, *Le Grand Mystère ou l'Art de méditer sur la garde-robe*, traduit dès 1729 par un inquiétant jésuite, le père Desfontaines [15] : dénoncé pour ses débauches, il fut enfermé à Bicêtre et n'en sortit que grâce à Voltaire.

---

14. Dumoulin était le médecin du roi et La Peyronie son chirurgien.
15. *Le Grand Mystère où l'Art de méditer sur la garde-robe renouvellé et dévoilé*, par l'ingénieux Docteur Swift, à La Haye, chez Jean van Durus, 1729.

Se penchant sur « le grand mystère de la chierie », notre entéroscope développe des considérations qui n'ont aucun mérite de nouveauté pour les habitués de la littérature scatologique ; elles revêtent seulement une forme plus littéraire et plus spirituelle que dans d'autres écrits. De quelque forme que la matière se revête, énonce Swift, elle est pour le sage un objet de contemplation. La transformation d'un pudding en étron ne mérite pas moins d'être étudiée que la nutrition du blé dont la farine entre dans la composition de ce gâteau. Il n'y a là qu'un lieu commun de la médecine classique.

De même, concernant la nécessité d'une belle selle : « Vous me faites chier ! Quel compliment ! Que peut-on souhaiter de meilleur à nos plus chers amis que de décharger leurs intestins, ces membranes si sensibles, d'un fardeau qui peut avoir de terribles conséquences et qui nous cause une frayeur perpétuelle tant que nous n'en sommes pas quittes ? » Que l'odeur et l'aspect des fèces soient révélateurs, tous les médecins le savent, mais ils n'en tirent pas les conséquences délirantes auxquelles aboutit Swift. D'après lui, les sages-femmes prédiront désormais le destin d'un enfant par l'examen de ses premières évacuations. Alors, on verra les amants se glisser en secret dans les cabinets de leurs maîtresses et interroger leurs chaises percées. Dans ce nouveau miroir de la Fortune, le pimpant chapelain verra combien de temps il doit attendre avant de devenir évêque. Les revenus et le crédit d'un homme dépendront de ses excréments ; on ne demandera pas à un homme de définir son caractère, mais la façon dont il chie. La chierie accédera à la dignité de branche de l'économie. Observateur social, Swift évoque également dans son ouvrage le sort calamiteux des passants des grandes villes lorsqu'ils sont pris d'une envie pressante : nous reviendrons sur le projet de latrines publiques présenté par l'auteur de *Gulliver*, que Desfontaines avait aussi traduit en 1727.

A côté du marquis de Sade, Swift paraît un peu « collégien ». L'auteur de *Justine* n'a fait que pousser jusqu'à ses dernières limites la description de certaines pratiques sexuelles dont on sait depuis longtemps qu'elles figuraient au programme des

« clubs pornologiques », nombreux à Paris à la fin du règne de Louis XVI [16]. La coprophagie, puisqu'il faut l'appeler par son nom, domine l'œuvre du marquis et spécialement *Juliette.* La charmante enfant en fait elle-même l'éloge : « En général, on se trompe sur les exhalaisons du *caput mortuum* de nos digestions ; elles n'ont rien de malsain, rien que de très agréable. Il n'est rien à quoi l'on s'accoutume assez facilement qu'à respirer un étron ; en mange-t-on ? C'est délicieux. C'est absolument la saveur piquante de l'olive. » Un tel langage ne présentait aucun caractère scandaleux pour les lecteurs des œuvres présentées au début de ce chapitre. Dans sa familiarité avec l'excrément, Sade est le dernier témoin de l'Ancien Régime des mœurs françaises.

Thomas toujours fidèle

Puisque les fonctions d'évacuation restent toujours un sujet permanent d'hilarité, il est normal que le matériel en usage ne progresse guère. Le pot de chambre continue sa carrière avec cependant la substitution de la faïence et de la porcelaine au métal qui finissait par sentir. On en ouvre en Chine, en Saxe, en Delft et les diverses manufactures royales fabriquent de belles séries de ces objets, trop rarement visibles aujourd'hui : ils figurent parmi les cadeaux les plus appréciés. Dans l'une de ses lettres, Madame Du Deffand remercie vivement Madame de Choiseul, femme du ministre, pour l'envoi d'une belle pièce de porcelaine à usage intime. Elle est si bien tournée que ses domestiques lui ont dit qu'il fallait l'utiliser comme soupière. Et voici une anecdote, rapportée par Madame Campan, sur le facétieux Louis XVI. Ayant appris que la comtesse Diane de Polignac s'était entichée de Benjamin Franklin, un moment la coqueluche de Paris, le roi commanda à la manufacture de

16. Iwan Bloch, *Le Marquis de Sade et son temps*, Genève, Slatkine Reprints, 1970, 501 p. (Réimpression de l'édition de Berlin et de Paris, 1901.)

Sèvres un vase de nuit au fond duquel figurait l'effigie de l'Américain et l'envoya à la dame.

Ce brave « thomas » » fait naturellement l'objet de vers de mirliton et d'énigmes reproduites dans le *Mercure galant.* Ainsi la suivante, de juin 1714 :

« Je suis aussi poli mais plus blanc que l'ivoire,
J'approche quelquefois de la virginité,
Je suis un peu fragile et ne suis point tenté
Et je ne songe point à m'en faire une gloire. »

Il s'impose comme l'accessoire obligé des scènes de ménage : le peintre Greuze se réveilla au moment où sa femme voulait l'assommer avec l'un de ces engins. Les municipalités en louent parfois pour leurs festivités : 48 à Rennes, le 10 novembre 1754, à l'occasion du bal donné lors de l'inauguration de la statue de Louis XV. La table de nuit, destinée à le recevoir, apparaît dans les années 1720, et c'est un meuble qui devient indispensable dans tous les intérieurs dont les habitants peuvent se payer un lit, ce qui est loin d'être le cas de tous les Français.

Quand on en a les moyens, la chaise percée s'impose toujours. La Pompadour en avait une de chez les célèbres Migeon, ébénistes au faubourg Saint-Antoine, qui fabriquent aussi des bidets [17]. La Du Barry en aura une à la lunette recouverte de maroquin. Piron, toujours incorrigible, envoie à Madame de Tencin, sœur du cardinal et femme de lettres, une belle chaise dont le bassin contient une pièce de vers :

« A l'aise et d'un œil équitable,
Là, vous jugerez sans appel
Les vers de messieurs tel et tel.
Gardez les bons, par privilège ;
Et pour ceux dont vous direz fi !
Laissez-les en quittant ce siège
Où vous aurez trouvé ceux-ci. »

17. A ce sujet, voir notre article, « L'âge d'or du bidet », in *L'Histoire*, juin 1983.

Voltaire, en 1785, écrit à son homme d'affaires, l'abbé Moussinot, de lui envoyer cet indispensable objet de commodité : « Mon cul, jaloux de la beauté de mes meubles, demande une jolie chaise percée avec de grands seaux de rechange. » Madame de Genlis, dans ses Mémoires [18], relate que toutes les dames de la cour, dans les années 1775, raffolaient d'une chanson — écrite par le marquis de Montesquieu — dont le thème était justement celui des chaises percées.

Des « lieux à l'anglaise » ?

Les pots et les chaises percées obligent à des manipulations et ne rendent pas autant de services directs que les vrais lieux d'aisances : les autorités de police, surtout à Paris, ne cessent d'en rappeler l'obligation aux propriétaires, mais il ne se passe pas de mois où des inspecteurs en tournée ne constatent leur inexistence. De là, cette persistante pratique du tout-à-la-rue, cauchemar de la maréchaussée de la capitale [19] : « Il n'y a point de partie de la police à laquelle on contrevienne plus souvent qu'à celle-là ; il est peu d'audiences où le public ne porte des plaintes sur cette matière, et il arrive quelquefois que ces contraventions donnent lieu à des violences de la part des personnes qui ont été incommodées. » Cette réflexion d'un professionnel date de 1738.

L'interdiction de jeter quoi que ce soit par les fenêtres a pourtant été renouvelée sans arrêt depuis la fin du XIVe siècle ; elle est constamment violée. Les internes des collèges ne sont pas les derniers à pratiquer cette espiègle coutume. En 1725, les voisins des collèges de Beauvais et de Presles portent plainte contre les pensionnaires et les principaux de ces établissements sont condamnés à attacher solidement les fenêtres des dortoirs donnant sur la rue.

Théoriquement, l'immeuble construit au XVIIIe siècle est

18. *Souvenirs de Félicie*, 1825.
19. Le Cler du Brillet, *Continuation du Traité de police de Nicolas Delamare*, 1738, t. IV.

équipé en moyenne de deux cabinets. Un au rez-de-chaussée ou près de l'escalier, le second au dernier étage habitable. Souvent, la cuvette est béante, elle a été fabriquée en fonte ou en poterie et on la scelle sur une pipe en plomb. Sous Louis XV, on commence à disposer de couvercles, dit « fermoirs à charnières », autour desquels on cloue du cuir pour une plus parfaite adhérence, comme sur les chaises percées. Les cuvettes sont reliées à la « colonne des chausses » qui est constituée de cylindres en terre cuite vernissée intérieurement.

Malheureusement, les praticiens, architectes et entrepreneurs — ils sont souvent les deux à la fois — n'apportent pas tous les soins désirables à ce dispositif délicat. Sébastien Mercier l'a très bien expliqué dans un chapitre de son *Tableau de Paris*[20] : « Les architectes, gênés par l'étroit emplacement des maisons, ont jeté leurs tuyaux au hasard... Trop étroits, ils s'engorgent facilement ; on ne les débouche pas ; les matières fécales s'amoncellent en colonne, s'approchent du siège ; le tuyau surchargé crève, la maison est inondée, l'infection se répand, mais personne ne déserte : les gens sont aguerris à ces revers empoisonnés. Que ceux qui ont soin de leur santé ne jettent jamais leurs excréments chauds dans ces trous qu'on appelle latrines, et qu'ils n'aillent point offrir leur anus entrouvert à ces courants d'air pestilentiels ; mieux vaudrait y mettre la bouche, car l'acide de l'estomac les corrigerait. Plusieurs maladies prennent leur origine sur ces sièges dangereux, d'où s'exhalent des miasmes putrides qu'on fait entrer dans son corps. Les enfants ont horreur de ces trous infectés ; ils croient que c'est là la route de l'enfer : telle était mon opinion dans mon enfance. Heureux les paysans ! Ils ne se vident qu'au soleil ; ils sont frais et gaillards. »

Or, le retrait idéal existe déjà, l'architecte J.-F. Blondel en a précisé les aménagements[21] : « A côté de cette chambre à coucher est un petit cabinet où sont pratiqués des lieux à

20. 1782-1788, 12 vol.
21. *De la distribution des maisons de plaisance et de la décoration des édifices en général*, 1737, 2 vol.

soupape qui sont très propres à être placés à côté des grands appartements parce qu'ils ne donnent jamais de mauvaises odeurs. Les cabinets où sont ces lieux s'appellent aussi cabinets à soupape. Ils se décorent très joliment et l'on a coutume de renfermer le siège dans une banquette de marqueterie ou de menuiserie, laquelle se met dans une niche en forme d'alcôve, aux deux côtés de laquelle sont de petites portes, dont l'une sert de dégagement pour entrer dans la garde-robe qui est derrière, et l'autre peut servir d'armoire pour y serrer les eaux de senteur. » L'appellation de « lieu à soupape » date de cette époque. Pour supprimer les odeurs, on a d'abord inventé une sorte de bascule s'effaçant sous le poids de la matière, puis une valve actionnée par un bouton de tirage.

Louis XV disposa de tels lieux attenants à une nouvelle chambre dans le château de Versailles : l'endroit était décoré de marqueteries dues à J.-P. Boulle. Mais il existait déjà dans la résidence préférée du Grand Roi, à la fin de son règne, une « chaise anglaise » sur laquelle nous sommes mal renseignés : l'appareil s'alimentait en eau au moyen d'un réservoir placé à l'étage des terrasses et branché sur une tubulure en plomb. Un tuyau de décharge, également en plomb, reliait cette chaise à la fosse.

Si les Tuileries présentaient l'aspect d'un des lieux les plus empuantis d'une ville de 500 000 habitants considérée par certains comme la plus agréable du monde, Versailles, ce conservatoire des belles manières, a été décrit au moins par un observateur — Turmeau de la Morandière [22] — « comme le réceptacle de toutes les horreurs de l'humanité... Le parc, les jardins, le château même font soulever le cœur par leurs mauvaises odeurs. Les passages de communication, les cours des bâtiments en ailes, les corridors sont remplis d'urine et de matières fécales : il semblerait qu'on aurait abandonné le château, les jardins, les promenades et la ville à l'indiscrétion des soldats et de la plus vile populace qui y font impunément et sans pudeur leurs ordures devant les passants. » Ce témoignage unique et peu cité parce qu'il est contenu dans un ouvrage, *Police*

22. *Police sur les mendiants*, 1764.

sur les mendiants, qui apparemment ne se rapporte pas à Versailles, révèle des horreurs, justement à propos des matières fécales jetées par les fenêtres : « Madame la Dauphine n'a pas été à l'abri de ces indignités puisqu'on a jeté, il y a quelques années, d'une fenêtre du second étage du grand commun, un pot d'excréments sur sa chaise à porteurs, qui éclaboussa ses aumôniers et sa suite et les obligea à l'abandonner pour aller changer d'habits. Les auteurs de ce délit ont été connus et impunis. » La Morandière énumère encore d'autres personnes de haute qualité victimes du même incident. Ainsi un chevalier de l'ordre du Saint-Esprit, en grande tenue, qui fut couvert d'excréments en descendant de cheval et ne put participer à une cérémonie.

Aucune différence avec Paris, donc, malgré la présence quasi permanente du roi et de sa cour. Mais nous devons faire observer que, les premiers en leur siècle, Louis XVI et Marie-Antoinette prirent de nouvelles habitudes hygiéniques dans de magnifiques « lieux à l'anglaise » trop peu célébrés [23]. L'appareil, inséré dans une niche, se composait d'une cuvette en marbre, oblongue, creusée en forme de cuillère et recouverte par un siège en menuiserie comportant un abattant à charnières et une partie verticale se raccordant avec le sol. Quatre boucles de cuivre apparaissaient sur le siège. Une commandait la soupape de la cuvette, une l'abattant, les deux autres, les arrivées d'eau. Le tuyau de plomb débouchant d'un réservoir se terminait en fourche à deux tubulures à son branchement sur la cuvette. Une branche permettait le nettoiement du marbre, l'autre provoquait l'émission d'un jet vertical dans l'axe de la cuvette, c'était le « jet de propreté ». Dans l'ébrasement de la niche, des tablettes pouvaient recevoir divers objets ou accessoires. Devant cette nouvelle situation, la charge de chevalier porte-coton ne se justifiait plus : sous Louis XVI, aucun noble n'en veut, l'office est rempli (?) par deux roturiers, un tailleur et un marchand de faïence [24].

---

23. Henry RACINAIS, in *Médecine et Laboratoire*, n° 7, juin 1951.
24. *Tableau de Paris, op. cit.*, t. IX.

Quelques modèles de cabinets salubres sont donc apparus au XVIIIe siècle : le recueil de Mariette en témoigne [25]. Au palais Bourbon, par exemple, œuvre de Lassurance, on admire une niche munie d'une fontaine dont l'eau est reçue dans une coquille ou cuvette qui se termine en console. Le réduit est lambrissé et garni de tablettes. On peut quand même se demander si les châteaux de province bénéficiaient de ce confort que les « roués » appréciaient tant. Dans son *Art de bâtir les maisons de campagne* [26], Charles Briseux ne s'attarde guère à la question, sauf pour signaler que la salle de bains, ordinairement placée dans le bâtiment de l'orangerie, pourra être flanquée de « lieux à l'anglaise ». En revanche, il parle toujours de garde-robe pour abriter la chaise percée. Certains propriétaires parisiens n'hésiteront pas à se lancer dans la dépense occasionnée par l'installation de commodités modernes : en janvier 1769, *Les Petites Affiches* contiennent l'annonce d'une maison à louer — rue Bourbon-le-Château — qui en jouissait.

Un problème d'hygiène publique

Reste que le problème des latrines publiques, lui, n'a toujours pas été résolu ni même posé correctement. Le commissaire Nicolas Delamare, le premier théoricien de la police, reconnaît, dans son célèbre *Traité* [27], que ce genre d'édicules ne se voit nulle part en France. Swift y avait pensé : à Londres, faute de ces établissements, les femmes se précipitent dans les boutiques où elles achètent n'importe quoi, tandis que les hommes en tirent prétexte pour se rendre au cabaret. L'auteur de *Gulliver* émet donc le projet d'une société par actions qui s'engagerait à construire 500 édicules en bonne pierre de Portland, de style néo-antique, avec décorations et statues de marbre. Chaque cabinet serait peint à fresque, le siège recouvert de drap fin

25. *L'Architecture française*, recueil de plans, élévations des maisons particulières, châteaux, maisons de campagne, bâtis nouvellement par les plus habiles architectes, 1727.
26. 1743, t. I.
27. 1713.

doublé de coton. En guise d'aniterge, papier blanc ou imprimé pour les grands liseurs. L'entrée de ce « collège cacataire » coûtera deux sous, on ne pourra y séjourner plus d'une demi-heure, le contenu des fosses procurera un revenu considérable.

Il s'écoulera beaucoup de temps avant que cette idée saine ne passe dans les faits. En attendant, à Paris, rien n'a changé depuis le Moyen Age. Au Palais-Royal, en été, on ne sait où se reposer sans respirer l'odeur de l'urine croupie : les arbres, qui en sont perpétuellement arrosés, périssent presque tous [28]. De même pour les quais de la Seine, selon Mercier [29] : « Aujourd'hui, les quais qui furent une promenade et sont un embellissement de la ville révoltent également l'œil et l'odorat... Les endroits où l'on a mis pour inscription "défense sous peine de punition corporelle de faire ici ses ordures" sont justement ceux où se rendent les affairés. L'inscription, au lieu de les écarter, semble les inviter. Il ne faut qu'un exemple isolé pour amener trente compagnons. » Cette observation sera confirmée par le marquis de Villette, habitant du quai Voltaire : en 1793, il se plaindra que le devant de son logis soit devenu une immense latrine. « En ma qualité de témoin oculaire et nasiculaire, écrit-il, je demande à la commune de me débarrasser de ce voisinage pestilentiel. »

Toujours d'après Mercier, « les femmes, sur ce point, sont plus patientes que les hommes. Elles savent si bien prendre leurs mesures que la plus dévergondée ne donne jamais le spectacle qu'offre en pleine rue l'homme réputé chaste ». Ce langage sent son bourgeois pudibond, comme d'ailleurs celui de ce « citoyen » — que nous venons de citer à propos du Palais-Royal — et qui déclarait dans son *Essai* : « Il faut que les mœurs aient bien changé : autrefois, un Français était déshonoré pour avoir publiquement montré son derrière. » C'est bien plutôt le contraire que ce Père la Pudeur aurait dû écrire, mais cette affirmation totalement fausse annonce un changement de mentalité.

Ajoutons cependant qu'au fur et à mesure de l'emprise de

---

28. *Essai sur la propreté de Paris*, par un citoyen français, mars 1797.
29. *Tableau de Paris, op. cit.*, t. VII.

la police parisienne sur la population, le fait de lâcher de l'eau contre un arbre peut occasionner des désagréments. Car les sergents du guet traquent déjà les homosexuels — et les mettent en fiches — en utilisant parfois des « mouches » provocatrices.. Les « gens de la manchette » — ainsi les nomme-t-on à cette époque — hantent les Tuileries et la demi-lune de la porte Saint-Antoine : l'une de leurs approches consiste à faire semblant de s'exonérer pour exhiber leurs organes génitaux [30].

L'examen de certains textes amène à penser que l'affaire des latrines publiques a commencé de passionner l'opinion éclairée dans la deuxième moitié du XVIIIe siècle. M. de Sartine, lieutenant général de police sous Louis XV, fera mettre des « barils d'aisances » dans certains coins de rues. Dans ses *Mémoires secrets* [31], à la date du 6 septembre 1769, Bachaumont, à propos d'une compagnie venant de se former pour louer des parasols destinés à préserver du soleil les natures délicates qui traversent le Pont-Neuf, rappelle un projet beaucoup plus utile dont quelqu'un fournit le plan à M. de Laverdy, lorsqu'il était encore contrôleur général des Finances : « C'était celui d'établir des brouettes à demeure à différents coins des rues, où il y aurait des lunettes, qui se trouveraient prêtes à recevoir ceux que des besoins urgents presseraient tout à coup... Les entrepreneurs promettaient de rendre une somme au trésor royal, ce qui tournait l'affaire en un impôt digne d'être assimilé à celui que Vespasien avait mis sur les urines des Romains. Tant d'industrie prouve à quel point l'argent est devenu un besoin indispensable, et comment on se tourmente en tous sens pour en acquérir. »

Cette sotte réflexion mise à part, Bachaumont apporte la preuve d'un nouvel intérêt pour le sujet. De nombreuses brochures en traitent et nous ne les possédons sans doute pas toutes. Un groupe de « citoyens zélés » [32] part du fait que le public, à Paris, dispose des commodités les plus variées, y

30. Claude COUROUVE, *Les Gens de la manchette*, 1720-1750, 1978.
31. T. IV.
32. *Etrennes à la capitale par une compagnie de citoyens zélés*, 1770.

compris de bureaux où on peut louer des parapluies. Tandis que pour satisfaire certains besoins très impérieux... Les hommes n'hésitent pas à entrer dans des maisons « accueillantes » et les malheureux sont quasi obligés de faire d'une pierre deux coups. Mais les femmes ? Les voici contraintes de rentrer chez elles et pendant ce temps des fumées leur montent au cerveau. Telle est l'origine de ces « vapeurs » qui ne sont connues qu'à Paris. Instituons donc des bureaux « diarrhétiques » à l'aspect de salons. Plus près des réalités, un autre inventeur [33] se contenterait de « cabanes construites à l'imitation d'un corps de garde ». En récompense de cette idée heureuse, il ne demandait que « pouvoir jouir comme les autres de l'avantage qu'ils en retireront ».

Rétif de la Bretonne, dans les *Veillées du Marais* [34], après avoir pesté contre la malpropreté des habitants de la montagne Sainte-Geneviève, propose d'obliger les propriétaires à garnir leurs maisons, au rez-de-chaussée, de latrines pouvant servir aux passants. Ainsi, « on n'empuanterait pas les rues, on ne corromprait pas l'air, comme on le fait. Je désirerais encore qu'on établît une sorte d'amende contre quiconque étant entré dans une de ces latrines publiques y blesserait les règles de la propreté ».

L'engagement dans la saine voie hygiénique s'amorcera avec une décision du comte d'Angiviller, directeur des Bâtiments et Jardins de Louis XVI : ce grand seigneur éclairé ordonna en effet d'abattre les ifs des Tuileries et de construire à leur place des latrines dont l'entrée coûterait deux sous. Aucune trace n'a été conservée de l'exécution de ce projet. En revanche, aucun doute pour le Palais-Royal. Le duc d'Orléans, son très avisé propriétaire, fait inclure douze cabinets d'aisances dans son bel ensemble immobilier. Leur concession rapporte gros à deux sous le siège et papier gratuit : trois hommes sont occupés journellement à le découper dans des proportions convenables.

---

33. *Projet utile à tout le monde*, s.d.

34. 1785, t. I. Voir Alexandre NAUGHTON, *Le Tableau des mœurs dans les romans de Rétif de la Bretonne*, 1929.

Mercier, bien entendu, s'en félicite et consacre une page lyrique à l'affaire [35] : « Celui-là fut très judicieux qui, voyant au Palais ci-devant Royal les restaurateurs glaciers établir leurs réfectoires et leurs cabinets particuliers en aussi grand nombre et aussi près les uns des autres que le sont dans une ruche les rayons des mouches à miel, fit construire des lieux d'aisances pour les dîneurs à dix-huit livres par tête. Il pensa que tant de dindes aux truffes, tant de saumons, tant de jambons de Mayence, tant de hures de sangliers, tant de saucissons de Bologne, tant de pâtés, tant de vins, de liqueurs, de sorbets, de glaces et de limonades devaient trouver là, en dernière analyse, leur réservoir commun, et qu'en le faisant assez spacieux et surtout assez commode pour tant de gens qui se font de tout une manière de volupté, le *caput mortuum* des cuisines environnantes deviendrait pour lui une mine d'argent. »

Quand on aura précisé que les premières boutiques vendant des préservatifs masculins se trouvent également au Palais-Royal, on comprendra pourquoi de nombreux éléments progressistes de la population parisienne se sont rassemblés en cet endroit dès le début de la Révolution.

Maître Fifi s'en va à Montfaucon

Vases de formes diverses, ronds ou oblongs ; chaises percées plus ou moins richement ornées et lieux simples ou à l'anglaise recueillent et canalisent une matière solide et liquide vers les profondeurs de la maison. A Paris, des règles précises régissent la construction des fosses [36]. Elles doivent être réalisées en moellons de cinquante centimètres d'épaisseur liés à chaux et à sable et recouverts de plâtre. Si la cavité avoisine un mur mitoyen, l'article 191 de la coutume de Paris impose l'établissement, entre les deux ouvrages, d'un contremur de protection d'au moins trente-trois centimètres d'épaisseur.

---

35. *Le Nouveau Paris*, 1798.

36. L'essentiel des renseignements qui suivent nous a été aimablement communiqué par Pierre-Denis Boudriot.

Des dispositions aussi strictes posent des problèmes financiers à de nombreux propriétaires : ils préfèrent enfouir dans leur cave ou leur jardin d'énormes futailles destinées aux excréments. Dans ce cas, des infiltrations dans les caves et les fosses voisines se produisent irrémédiablement. Elles se produisent aussi lorsque les propriétaires négligent les opérations de vidange pour s'en épargner les frais. Alors le contenu s'insinue dans la maçonnerie, en pénètre toute l'épaisseur et finit par gâter le vin et le bois entreposés dans les locaux voisins. Ou bien les matières suintent au pourtour de la dalle de fermeture et envahissent la cave de la maison. Ou encore, elles remontent dans les tuyaux de descente et les font éclater, comme l'a décrit Mercier. Et ne parlons pas des puits infectés dont l'eau continue de servir aux usages domestiques.

L'épanchement peut avoir également une origine clandestine, ce qu'on nomme « le pot de fleurs » : avec la complicité du maçon, on perçait, dans l'épaisseur du mur de la fosse, à quelques centimètres au-dessus du fond, un orifice tronconique affectant la forme d'un pot de fleurs. Il était ensuite obturé puis débouché après la visite d'inspection des experts. De cette façon, la fosse distillait son contenu dans le sous-sol parisien : en certains cas, des bancs de sable ont épongé ces fuites subreptices.

Avant d'être vidangée par Maître Fifi et ses suppôts, la fosse doit rester ouverte pendant environ vingt-quatre heures, afin que les gaz délétères qui en émanent se dissipent. Cette première précaution ne laisse pas d'offrir des dangers : sitôt la dalle soulevée, des vapeurs sulfureuses peuvent suffoquer les ouvriers ou exploser violemment si une flamme est proche. Depuis le XVIe siècle, les « basses œuvres » s'effectuent toujours la nuit. L'ordonnance de police du 18 octobre 1771, signée par M. de Sartine, fixe l'horaire de travail de dix heures du soir au petit jour.

Une échelle ayant été plantée dans la fosse, un compagnon descend par une corde un seau qu'il remonte et vide dans la hotte d'un camarade. Celui-ci en déverse le contenu dans des tonneaux disposés sur le pavé de la rue, à quelque distance de l'entrée de la maison. La fosse une fois bien écopée, les gadouards attaquent, à la bêche et à la houe, ce qu'ils appellent le « gratin ». Cette dernière couche adhère fortement aux parois, au fond et surtout à l'aplomb de la chute des matières.

Prisonniers d'une cuve infernale, les vidangeurs sont sujets à des accidents causés par la « mitte », accès de cécité temporaire produit par les vapeurs d'ammoniaque, et par le « plomb », affection souvent mortelle due à l'hydrogène sulfuré. Les fosses vidées récemment ne sont pas les moins dangereuses. Les maladies précitées continuent d'y sévir, atteignant les maçons appelés pour quelque réparation. Il est donc recommandé d'attendre plusieurs jours après le passage des gadouards avant de descendre au fond, de se frictionner préalablement mains et visage à l'eau-de-vie et, sur place, de n'allumer ni soufre ni amadou. Pendant ce temps, les habitants de la maison sont privés d'accès aux privés. Qu'importe, il y a tant d'autres moyens de se débrouiller...

A la veille de la Révolution, l'architecte Giraud [37] propose un système de fosse mobile qu'il aurait expérimenté lui-même, sans aucun inconvénient, depuis dix-huit ans. Il s'agit, en fait, de remplacer la fosse par une cuve mobile placée à la cave. Selon Giraud, dès qu'elle est pleine, elle peut aisément être retirée et transportée à la voierie, facilitant ainsi la tâche des gadouards. Giraud prévoit plusieurs modèles de cuves, y compris une de vastes dimensions qui sera fixe. A sa base, on pourra ajuster des tonnes portatives. Les vidangeurs ne risqueront plus d'asphyxie ; on les verra revenir souvent, problème qui n'est pas évoqué par Giraud : il semble oublier que les services de Maître Fifi et de ses aides ne sont pas gratuits.

Les caves sont des lieux de tentation pour les gadouards et il leur est bien entendu interdit de s'y approprier quoi que ce soit, surtout du vin. On leur dénie également le droit de conserver les objets trouvés au fond des cuves, ce qui est moins justifiable. Avec raison, les vidangeurs invoquent, pour légitimer

---

37. P. GIRAUD, *Commodités portatives ou moyens de supprimer les fosses d'aisances et leurs inconvénients* (avec figures), 1786.

leurs prises, l'exercice d'un véritable droit d'épave. Par ailleurs, les fosses ne renferment pas seulement montres, bijoux ou pièces de monnaie. Il arrive qu'elles livrent des ossements dont les dimensions dénoncent l'infanticide, crime puni de mort à cette époque. La police surveille donc certaines opérations de vidange — il y a des dénonciations... —, mais le silence a toujours un prix.

Quand l'opération est terminée, il faut transporter les tonneaux jusqu'aux « voiries ». En 1722, on en comptait trois, à Paris, « pour les matières excrémentielles et charognes » ; elles étaient situées à Montfaucon, au faubourg Saint-Germain et au faubourg Saint-Marceau. Maintes ordonnances royales interdisent de « jeter à la Seine des liquides, immondices et déjections quelconques susceptibles de rendre ses eaux insalubres et impropres aux usages domestiques ». C'est l'accusation majeure portée par le public contre les vidangeurs et elle correspond à la réalité, de nombreuses affaires de ce genre le prouvent.

Le 6 septembre 1753, le Bureau de la Ville condamne Antoine Lefebvre, maître vidangeur, à cent livres d'amende, pour avoir fait couler en Seine, au port de Grève, des eaux fécales provenant de la vidange d'une fosse, rue de la Coutellerie : il avait été surpris en flagrant délit par un sergent des gardes. Au début du siècle, en avril 1721, un torrent de matières fécales descendit soudain la rue de la Harpe. Les habitants riverains se plaignirent au brigadier du guet qui surprit des gadouards en train de vider sur la chaussée la fosse du séminaire Saint-Louis. Leur patron fut condamné à cinquante livres d'amende et la sentence affichée dans les rues de Paris.

En juin 1728, la veuve Cadet — qui a succédé à son mari à la tête de l'entreprise — laisse séjourner dans la rue Montmartre, toute la nuit, un haquet attelé de deux chevaux sur lequel il y avait sept futailles remplies. A quoi était-elle donc occupée la veuve Cadet, pendant ce temps ? Peut-être à discuter avec ses compagnons, gens très turbulents portés sur les boissons fortes et, il est vrai, peu assurés de leur gagne-pain. Ils sont en effet aux prises avec la concurrence illégale des manouvriers et des soldats qui extraient sans droit les matières en se bornant ensuite à les enfouir dans des trous creusés à la hâte dans les jardins. Une ordonnance a interdit cette pratique et elle fut publiée onze fois, de 1705 à 1717, sans grand effet, certainement.

Rendons-nous à Montfaucon [38], jadis lieu sinistre situé à l'extrémité du faubourg Saint-Martin, aujourd'hui rue de la Grange-aux-Belles. Ses seize piliers de pierre supportant les fourches patibulaires furent en service du règne de Saint Louis jusqu'au début du XVIIe siècle. Vers 1660, seuls subsistaient sept ou huit piliers sans emploi, le malheureux Claude Le Petit l'avait observé :

> « Piliers maudits que les orfraies
> Ont pris là pour leur tribunal
> Montfaucon avec tes claies
> Tu fais plus de peur que de mal. »

En 1760, Soufflot, futur architecte de Sainte-Geneviève, réédifia, au-delà de la barrière du Combat, actuellement rue de Meaux (XIXe arrondissement), un second gibet symbolique, et il garda le nom de Montfaucon. Cet emplacement fut réservé aux corps des suppliciés interdits de sépulture ordinaire. Il était situé au pied de la butte Chaumont « d'où l'on découvre tout Paris », mais qui attendra le second Empire avant de devenir l'un des plus beaux parcs de la capitale. Pour l'heure, le panorama se limite à celui de la « Grande Voirie » qui jouxte le gibet et va répandre ses effluves sur Paris pendant plus d'un semi-siècle.

Sur les débuts de ce dépotoir — et clos d'équarrissage —, on possède le témoignage de M. Thouret qui fut chargé, avec Fourcroy et Hallé, d'un rapport pour la Société royale de médecine, un an avant la Révolution [39]. La voirie avait été affermée à un sieur Bridet qui s'était déjà fait connaître en province, à Rouen et à Caen, par l'exploitation de la poudrette ou « poudre végétative ». Certains agriculteurs louaient sans réserve le

---

38. A. de Lavillegille, *Des anciennes fourches patibulaires de Montfaucon*, 1836.
39. *Rapport sur la voirie de Montfaucon*, 1788.

merveilleux pouvoir d'engrais de ce produit. L'odeur de l'endroit n'est pas désagréable, affirme l'enquêteur — les habitants du faubourg Saint-Martin ne sont nullement de cet avis, ils ont porté plainte au lieutenant de police —, elle se rapproche de celle de la tourbe. Le véritable danger réside dans la facilité d'accès aux bassins. Comme la croûte qui les recouvre se forme en continuité avec le sol, plusieurs personnes, de nuit ou par mégarde, ont déjà été englouties dans ce marais sans pouvoir être sauvées. Il faut donc enclore au plus vite.

Le chemin qui mène à Montfaucon se traîne en longueur. Quelle tentation d'utiliser des tonneaux percés par en dessous et dont le contenu s'écoule à la sourdine dans le ruisseau ! Les gadouards sont de rudes — et rusés — compagnons qui ne s'embarrassent pas de scrupules étroits. On sera bien heureux de recourir à ceux de Versailles, en 1774, pour ensevelir le cadavre de Louis XV : il répandait une telle puanteur que personne n'osait s'en approcher.

A la fin du siècle, avec l'humanitarisme ambiant, le vidangeur devient à la mode dans les milieux philosophiques. En témoigne une pièce écrite par un ennemi de Voltaire, Jean-Henri Marchand, et intitulée *Le Vidangeur sensible.* Elle a été composée en réaction contre le drame bourgeois qui entendait mettre en action des personnages de toutes conditions sociales. « Ceux qui ont prétendu, déclare Marchand, qu'on pouvait faire paraître dans un drame les gens de la plus vile populace seront satisfaits puisque mon principal héros est un vidangeur. »

Marchand figure parmi les adversaires des philosophes, mais ceux-ci sont présents partout, principalement chez les hommes de science. Peut-être à leur demande, Louis XVI nomme, en 1777, une commission de chimistes chargés d'étudier la question du méphitisme. Lavoisier, Parmentier, Pilâtre de Rozier en font partie. Ils suggèrent diverses innovations [40] pour protéger les ouvriers vidangeurs des terribles maladies qui les guettent et décrivent de façon saisissante les malaises survenant au cours de leur travail. « Heureux sont-ils quand, dans le théâtre de

40. Pierre SADDY, « Le cycle des immondices », in *Le XVIIIe siècle*, n° 9, 1977.

leurs travaux, il n'ouvrent pas leur tombeau ! » Le lieutenant de police Lenoir, l'avant-dernier haut fonctionnaire à occuper cette charge sous la monarchie, créera une corporation des vidangeurs qui retenait sur le salaire de chacun quatre sous par journée de travail. Cela aux fins d'instituer une caisse de prévoyance. Deux sous servaient à établir des fondations dans les hôpitaux, le reste devait permettre à la famille du gadouard malade de ne pas mourir de faim.

Dans l'armée, la fameuse « corvée de chiottes » n'est pas une sinécure, comme le révèle le règlement du 30 thermidor, an II de la République, qui atteste des pratiques semblables à celles des civils alors que la discipline était pourtant très brutale : « Il est expressément défendu à tout officier, soldat et autre, de faire aucune ordure contre les murs des casernes et pavillons, ni d'en jeter par les fenêtres, tant dans les cours qu'à l'extérieur, et la consigne en sera donnée aux portes des quartiers et pavillons. » Rien n'est encore prévu à l'intérieur des bâtiments, puisque l'article 2 précise : « Il sera disposé des deux côtés de chaque escalier de casernes des baquets garnis de cercles et d'anses de fer, pour recevoir les urines ; et tout officier ou soldat qui serait pris en contravention de l'article précédent, sera arrêté et puni, l'officier par les arrêts, le soldat par un jour de corvée de propreté, en sus de son tour de rôle. »

Ces tinettes devaient sans doute être préparées pour la nuit. Dès la pointe du jour, il fallait les transporter et les vider dans un endroit désigné à cet effet, « où il y aura écoulement », et ensuite les nettoyer et les rincer. Quelque part, il était prévu un bâtiment de latrines, car on recommande de tenir celles-ci dans la plus grande propreté et de les laver à grande eau. On aurait sûrement compté sur les doigts d'une seule main les casernes qui, comme à Rochefort dès 1742, avaient été dotées d'une machinerie entraînant les eaux usées et les matières vers des canaux de dérivation [41].

Dans un paysage social aussi cohérent quant à son indiffé-

41. Danièle VOLDMAN, « Laboratoires précurseurs, les hôpitaux militaires au siècle des Lumières », in *Revue des monuments historiques*, avril-mai 1981.

rence à toutes les formes de l'ordure, il fallait témoigner d'une sensibilité « préromantique » pour s'indigner, comme l'a fait un citoyen français inconnu en 1797 [42], de l'aspect ignoble de Paris : « Je suis indigné de la malpropreté de Paris : je me trouve humilié de ne pouvoir marcher dans la métropole, où siège notre Sénat, sans trouver des cloaques, des amas d'immondices, des tas de décombres, des bouteilles et des verres cassés, qui semblent jetés dans certains endroits, comme des chausse-trapes, pour blesser les hommes et les chevaux ; de voir épars des membres de bêtes mortes ; de rencontrer des chiens errants qui me font craindre la rage ; des chèvres, des cochons jusque dans les promenades publiques ; d'être obligé de marcher sur un pavé inégal, couvert d'une boue grasse, qui me fait glisser si je veux aller vite, et tomber si je m'appuie dessus trop longtemps ; de voir des femmes, qui sont un modèle de goût pour toute l'Europe, obligées de trotter dans la boue, et souvent forcées, pour traverser une rue, de passer sur une planche mal assurée qui leur donne une juste crainte de tomber dans un fossé bourbeux ; des voitures destinées à nettoyer la ville, former elles-mêmes une malpropreté désagréable à l'odorat autant qu'à la vue ; enfin, de voir des hommes et des femmes, contre la décence et les bonnes mœurs, satisfaire publiquement à leurs besoins. »

42. *Essai sur la propreté de Paris*, par un citoyen français, *op. cit.*

Edicule de la rue du Faubourg-Saint-Martin (E. Texier, « Tableau de Paris », 1852).

4

Aux origines de la police sanitaire

La fin de l'art de chier

On repère encore, au tout début du XIXe siècle, quelques témoignages attardés de la scatomanie de nos pères. Ils disent en vers les plaisirs d'autrefois. Ainsi *La Chézonomie*, d'un auteur inconnu [1], qui s'échine à chanter « l'art heureux, le grand art de chier » et regrette le temps des exonérations collectives, comme dans la bonne ville de Troyes dont nous avons parlé :

« Il est d'ailleurs, il est dans toutes les cités
Un cul de sac obscur, un vieux pan de muraille
Où des millions d'étrons disposés en bataille,
Vu la chaleur, la pluie, et d'autres accidens,
Aux cas nouveau-venus par place ouvrent leurs rangs. »

Car le plus agréable, c'est dehors :

« Pour chier les humains ont tous les points du globe
Ne vous bornez donc point à votre garde-robe. »

Celle-ci s'est d'ailleurs bien perfectionnée et notre auteur nous révèle un détail important :

1. *La Chézonomie ou l'art de chier*, poème didactique en quatre chants par Ch. R., à Scoropolis et se trouve à Paris, chez Merlin, 1806.

« Des gens plus recherchés ont des lieux à l'anglaise
Où règne l'élégance ; où, ne vous déplaise,
Dans la porcelaine ils posent leur étron. »

Pour sa part, il préfère la campagne :

« Pour moi que je suis las de chier dans les villes !
O séjour du bonheur ! O campagnes fertiles !
Quand donc vous reverrai-je, et dès le grand matin
Planterai-je un étron dans mon petit jardin ? »

A propos de fèces, on trouve dans *La Chézonomie* une curieuse manifestation de féminisme qui aurait enchanté Fourier : ce sont nos compagnes qui font les plus belles, on pourrait le remarquer sur pièces dans une épreuve sur deux rangs :

« Je veux toute ma vie être en honneur aux belles
Si les mâles étrons près des étrons femelles
Ne semblent pas des nains à côté des géants
Tant les uns sont petits, les autres gros et grands. »

La constipation est évidemment une affection redoutable, il faut apprendre à mouler des « étrons de manœuvres »,

« Des étrons bien tournés, ni trop mous, ni trop durs
Et tels qu'on les admire au long de certains murs. »

Pour obtenir ce résultat bénéfique, il convient de surveiller son alimentation, boire peu de vin et surtout s'adonner au sport :

« D'une vessie enflée et couverte de cuir
Venez vous emparer et faites-la bondir. »

Cet éloge du ballon rond — en 1806 — ravira les historiens de ce sport qui l'ignorent peut-être, mais on rencontre la même année, dans un poème de 180 vers alexandrins dû à un certain Argaud Desbarges [2], un conseil à remplir d'aise les psychanalystes :

2. *L'art de chier*, poème.

« Du plaisir de chier, sentant la douce ivresse,
Suspendez-en l'effet en serrant chaque fesse ;
Car on goûte bien mieux un morceau bien mâché,
Et chaque sens en est, à son tour, alléché. »

Desbarges confirme la vogue des lieux du Palais-Royal quand il remarque :

« Vous trouvez vingt endroits avec art préparés
Vous chiez pour deux sous tant que vous désirez. »

La vieille garde des laudateurs du Zéphir va se lancer dans sa dernière bataille qui coïncidera avec la chute de l'Empire. Citons *La Pétarade* [3], œuvre d'un ecclésiastique connaissant les classiques de l'Ancien Régime et qui s'entoure de considérations médicales dans une savante préface, prélude à des épanchements lyriques :

« Je chante un vent sorti, non de ces peaux de loutres
Dont Eole forma le tissu de ses outres,
Mais de vivantes peaux, de soufflets souterrains,
Qui s'enflent dans le ventre, et ronflent sous les reins. »

Relisons *Peteriana*, par un anonyme [4] qui reprend des ouvrages antérieurs, surtout la typologie des différents pets. L'auteur renouvelle aussi d'anciennes recommandations médicales :

« Un pet qui, pour sortir, a fait un vain effort,
Dans les flancs déchirés reportant sa furie,
Souvent cause la mort.
D'un mortel constipé qui touche au sombre bord,
Un pet, à temps lâché, pourrait sauver la vie. »

Avec la *Crépitonomie*, l'un des derniers recueils scatolo-

3. *La Pétarade*, poème en quatre chants, œuvre posthume de l'abbé R., à Paris, an VII de la République.

4. *Peteriana* ou manuel théorique et pratique de l'art de péter, vesser et roter, à l'usage des personnes constipées, graves, mélancoliques et tristes, Paris, chez les libraires en bonne odeur, s.d.

giques [5], lui aussi abondant en redites, pointe la nostalgie d'une enfance libre :

« Je me souviens, non sans émotion,
De mon collège et des chers camarades
Dont je prisais les vives pétarades. »

Nous pourrions citer encore *Foiriana* [6], *Merdiana* [7] et quelques autres compilations et imitations des chefs-d'œuvre de l'âge des Lumières d'où surnagent quelques chansons longtemps populaires, comme celle du Maire d'Eu, due au célèbre parolier Vatout — qui fut secrétaire de Louis-Philippe et membre de l'Académie française :

« Mes habits ne sentent pas l'ambre
Mon équipage brille peu
Mais, que m'importe ?
Un pot de chambre*
Suffit bien à un maire d'Eu. »

Juste au milieu du siècle, une bibliographie rendra compte de l'ensemble, signe que la grande époque appartient au passé [8]. La princesse Foirantine, accompagnée de sa confidente Merdine et protégée par Chienlit, son dévoué capitaine des gardes, ne viendront plus jamais enchanter les salons où la moindre évocation sexuelle provoquerait désormais de véritables évanouissements.

Les bas organes n'ont plus d'existence avouée. Les manuels de civilité [9] les ignorent. Il est question des oreilles qu'il faut

5. *La Crépitonomie ou l'art des pets*, poème didactique en trois chants par D. de SAINT P., 1815.

6. *Foiriana*, recueil piquant et amusant pour les amateurs, contenant des fragments de *Caquire*, parodie de *Zaïre*, par M. de VESSAIRE ; anecdotes odoriférantes, etc., le tout destiné à un certain usage. A Foirance, établissement des cabinets secrets.

7. *Merdiana ou manuel des chieurs*, suite de l'*Almanach des gourmands*, 1803.

* Allusion à la voiture légère du XVIIIe siècle désignée de cette façon.

8. *Bibliotheca scatologica* ou catalogue raisonné des livres traitant des vertus, faits et gestes de très noble et très ingénieux Messire Luc (à rebours). Traduit du prussien et enrichi de notes très congruentes au sujet par trois savants en « us », Scatopolis, chez les marchands d'aniterges, l'année scatogène 5850. (Paris, 1849.)

9. *La Civilité chrétienne et honnête pour l'éducation et l'instruction de la jeunesse*, 1824.

nettoyer, du nez que l'on ne doit pas moucher avec ses doigts, de l'interdiction de roter et de cracher, mais on n'ose dire mot — comme Jean-Baptiste de La Salle dont les *Frères des écoles chrétiennes* vont prendre une influence considérable — des autres fonctions naturelles, toujours maintenant qualifiées de « déshonnêtes ». Tout ce qui se passe au-dessous de la ceinture est suspect, il s'agit d'une zone dangereuse, ainsi que le précisent les manuels de casuistique découpant toutes les parties du corps humain en zones vénielles et mortelles. De là, une petite baguette dont étaient munis les religieux de certains ordres pour enfoncer la chemise dans le pantalon...

Paris, atelier de putréfaction

Cette nouvelle attitude ne facilitera évidemment pas la claire perception des problèmes d'hygiène publique et privée, ne serait-ce qu'au niveau du langage. Car, pour prendre d'abord l'exemple de Paris, plus que jamais le centre du pouvoir, son aspect général est toujours celui d'un égout malsain décrit par de nombreux observateurs adhérant au socialisme utopique ou issus des milieux médicaux.

Ainsi, l'ingénieur Victor Considérant, le premier vulgarisateur de Fourier, qui écrit les lignes suivantes [10] : « Toutes ces fenêtres, toutes ces portes, toutes ces ouvertures sont autant de bouches qui demandent à respirer : et au-dessus de tout cela vous pouvez voir, quand le vent ne joue pas, une atmosphère de plomb, lourde, grise et bleuâtre, composée de toutes les exhalaisons immondes de la grande sentine. Cette atmosphère-là, c'est la couronne que porte au front la grande capitale ; c'est dans cette atmosphère que Paris respire ; c'est là-dessous qu'il étouffe... Paris, c'est un immense atelier de putréfaction, où la misère, la peste et les maladies travaillent de concert, où ne pénètrent guère l'air ni le soleil. Paris, c'est un mauvais lieu où les plantes s'étiolent et périssent, où, sur sept petits enfants,

10. *Description du phalanstère et considérations sociales sur l'architectonique*, 1838.

il en meurt quatre dans l'année. » Un autre militant de l'Ecole sociétaire, l'architecte Perreymond, l'un des premiers visionnaires du Paris moderne [11], osera soutenir que, sur les 912 000 habitants que compte la capitale — recensement de 1844 —, plus de 600 000 vivent dans des taudis [12].

Juge impitoyable du monstre parisien, Balzac rejoint ces deux utopistes lorsqu'il affirme [13] : « Si l'air des maisons où vivent la plupart des bourgeois est infect, si l'atmosphère des rues crache des miasmes cruels en des arrière-boutiques où l'air se raréfie, sachez qu'outre cette pestilence, les 40 000 maisons de cette grande ville baignent leurs pieds en des immondices que le pouvoir n'a pas encore voulu sérieusement enceindre de murs en béton qui pussent empêcher la plus fétide boue de filtrer à travers le sol, d'y empoisonner les puits et de continuer souterrainement à Lutèce son nom célèbre. La moitié de Paris couche dans les exhalaisons putrides des cours, des rues et des basses œuvres. » Au nom de la science, Chevallier, Labarraque et Parent-Duchâtelet, la même année 1835, certifieront la même chose dans un rapport argumenté [14].

Pour décrire les conditions générales d'hygiène urbaine à Paris jusqu'au milieu du XIXe siècle, insistons sur le fait qu'elles n'ont pour ainsi dire pas changé depuis l'Ancien Régime. Le « tout-à-la-rue » reste la loi des ménagères, malgré le risque de traduction devant le tribunal de simple police. Lisons le compte rendu d'une de ses audiences, en février 1844 [15]. La nommée Cadichonne, domestique chez M. de Boitard, rentier au Marais, est citée pour avoir été surprise en train de vider un pot de chambre par la fenêtre. Jolie fille à l'œil noir et à la peau bistre, elle se présente accompagnée de son maître, charmant vieillard

11. Dans une série d'articles, parus en 1842 et 1843 dans la *Revue générale de l'architecture et des travaux publics*, Perreymond avait proposé la démolition totale des quartiers de la Cité, du Palais de Justice, de l'île Saint-Louis, ainsi que le comblement du bras gauche de la Seine, depuis le pont d'Austerlitz jusqu'au Pont-Neuf.

12. *Paris monarchique et Paris républicain* ou une page de l'histoire de la misère et du travail, 1849.

13. *La Fille aux yeux d'or*, 1834-1835.

14. *Rapport sur les améliorations à introduire dans les voiries, les modes de vidange et les fosses d'aisances de la ville de Paris*, 1835.

15. *Gazette municipale de Paris et de ses banlieues*, février 1844.

porteur de la croix de Saint-Louis et qui salue le tribunal avec grâce, à l'ancienne manière. Un noble reste de Condé-Infanterie ou de Royal-Cravate, sans doute. Il prend le premier la parole : « Vous êtes trop instruit, Monsieur le commissaire, pour ne pas avoir reconnu, au feu de ses regards, à son teint, à la plénitude de ses formes, que Cadichonne n'est pas née sous notre ciel froid et humide. » Elle vient en effet de Marseille, et c'est une vraie perle qui accommode le lait de poule comme personne. La capitale phocéenne n'est pas citée pour sa propreté. Cadichonne a fait, le 16 janvier au matin, ce que les servantes de Marseille font chaque jour. La mignonne en convient sans honte, elle paiera donc quinze francs d'amende. « Sois tranquille, ma fille, dit son maître, tu ne paieras pas cela sur tes gages. » Une voix dans la salle : « Vieux misérable ! »

Charmante saynète — à la lecture —, mais il eût mieux valu ne pas se trouver sous l'averse... Où faut-il conduire ses pas, d'ailleurs, pour éviter d'être incommodé par des odeurs excrémentielles ? L'un des premiers, dans ses *Mémoires* [16], le préfet de police Gisquet — en poste de 1831 à 1836 — dénonce le laxisme de la population parisienne dont tous les mâles se soulagent sur la voie publique : « On ne respecte rien, ni les promenades fréquentées, ni les édifices consacrés au culte, ni les monuments qui rappellent des souvenirs glorieux ; tout ce qui concourt à l'agrément, à l'embellissement de Paris, tout ce qui fait l'objet de la vénération des fidèles, tout ce qui fait palpiter les cœurs généreux, en rappelant les grands souvenirs de l'histoire, tout, depuis la plus humble échoppe jusqu'aux murailles du Louvre, porte l'empreinte de cette habitude vandale, de ces ignobles profanations. »

Ainsi que l'observe le poète satirique Auguste Barbier, venu de Marseille (!) pour fustiger les mœurs de la nouvelle Babylone, on ne rencontre partout que des hommes cyniques

16. *Mémoires* de GISQUET, ancien préfet de police, écrits par lui-même, 1840, 4 vol. Voir également, J.-B. MONFALCON et A.P.I. de POLINIÈRE, *Traité de la salubrité dans les grandes villes*, 1846.

« Feignant de s'abriter, par un soin maladroit,
Derrière un arbrisseau menu comme le doigt ».

Gisquet, en fonctionnaire responsable, se désolait au sujet de la pollution des monuments ; un lecteur de la *Gazette municipale*, écrivant à son journal en 1847, donne d'autres précisions : les Parisiens transforment en urinoirs tous les intervalles qui séparent les boutiques, tous les angles des portes cochères, toutes les bornes des rues, tous les arbres des promenades publiques. Et il termine par une envolée qui en dit long sur ce qui devait se passer aux siècles précédents, puisque Paris est maintenant très quadrillé par une police de plus en plus efficace : « Il semble qu'à Paris la personne d'un homme qui urine soit inviolable et sacrée. Ainsi, un individu s'arrête à l'angle d'une porte cochère ; le concierge sort par hasard dans la rue : vous croyez qu'il va se récrier, se fâcher, et chasser l'impudent qui vient de souiller le devant de la porte confiée à sa garde ? Détrompez-vous, il reste là impassible et de sang-froid, et bientôt l'urine vient ruisseler sous ses pieds sans qu'il croie pour cela avoir un seul mot à dire. »

Toujours dans la *Gazette*, il était signalé, en 1843, que certains prenaient vraiment leurs aises en plein Paris : « Il n'est pas rare de rencontrer des hommes accroupis, en plein jour, qui ne prennent aucun soin de se cacher et n'ont même pas l'air de soupçonner que ces postures dégoûtantes sont des attentats à la pudeur sévèrement punis par la loi. »

Un tour de France nauséabond

Sous le rapport hygiénique, toutes — nous disons bien toutes — les autres villes françaises offrent exactement la même physionomie que Paris dans la première moitié du XIXe siècle [17]. Lyon a toujours été au second rang des villes françaises. Au recensement de 1836, elle alignait 150 814 habitants,

17. Sur l'insalubrité de l'habitat populaire au XIXe siècle, voir notre ouvrage, *Les Origines du logement social en France*, Paris, Editions ouvrières, 1966, 360 p.

à celui de 1846, 175 965. Le Dr Monfalcon, spécialiste réputé d'hygiène publique, n'a jamais nourri d'illusions sur son caractère d'insalubrité [18] : « Plus des deux tiers de la vieille ville et des antiques faubourgs existent encore avec toute leur insalubrité première... Aux inconvénients inhérents à l'étroitesse et à l'extrême humidité des rues viennent s'ajouter les défauts de la construction de maisons sans cour, sans lumière, sans air, et desservies par d'horribles escaliers tournants qu'infectent des cabinets d'aisances, toujours de la plus insigne malpropreté. » Pour rendre la ville de Lyon parfaitement salubre, conclut Monfalcon, il faudrait en démolir la moitié et beaucoup améliorer l'autre.

A Marseille, qui passe 100 000 habitants au début du XIXe siècle (102 917 au recensement de 1811), la vieille ville — la partie la plus peuplée — présente le même aspect qu'à Lyon. Un médecin ne s'est pas laissé prendre à son pittoresque [19] : « Là se rencontrent la classe ouvrière et la classe indigente, occupant des maisons basses et humides où sont entassées, dans chacune d'elles, deux, trois, quatre, jusqu'à dix familles, toutes plus nombreuses les unes que les autres. Les maisons y forment des rues extrêmement étroites et tortueuses et constamment malpropres ; l'air n'y est pas toujours pur, ce qui, joint à une vie animale malsaine, rend cette partie de la ville susceptible de contracter avec facilité les épidémies. »

Dix ans plus tard, le tableau n'a pas changé [20] : « La malpropreté, l'étroitesse des habitations (...) sont souvent causes que les maladies, même les plus simples, prennent un caractère de gravité qui peut compromettre la santé publique. » Lors de l'épidémie de choléra qui ravagea Marseille durant les mois de juillet et août 1835, on comptera 2 189 victimes.

Bordeaux (93 000 habitants au recensement de 1811) a fait

---

18. *Hygiène de la ville de Lyon*, 1851.
19. Dr FORCADE, *Quelle influence devrait naturellement exercer, sur la vie, les mœurs, la santé des Marseillais, leur changement d'habitation en abandonnant l'ancienne ville pour s'établir dans les nouveaux quartiers*, 1819.
20. J.B.F.A. ROBERT, *Rapport général sur les travaux du Conseil de salubrité du département des Bouches-du-Rhône pendant les années 1828, 1829 et 1830*, 1831.

l'objet d'une topographie médicale dont le ton laudatif dut plaire à certaines autorités [21]. Cependant, au détour d'une page, une petite notation qui n'a pas été développée : « On rencontre dans les faubourgs, habités par la classe peu fortunée, des maisons basses, enfoncées, mal aérées, et dont le sol est à plusieurs pieds plus bas que celui de la rue. » Un rapport de la commission sanitaire de la Gironde [22] après le choléra de 1832 — 168 morts — sera plus explicite sur l'état hygiénique de la ville : pavage défoncé, égouts à ciel ouvert, pénurie d'eau, enlèvement irrégulier des ordures ménagères — jamais dans certains quartiers —, rues étroites, sinueuses, privées d'air et souvent de rayons solaires, où gîtent les classes pauvres.

Rouen, « ville musée » sur laquelle on a toujours beaucoup écrit — dans des perspectives strictement archéologiques —, pouvait être considérée, sous l'Empire, comme l'une des plus « sombres, des plus sales et des plus tristes de France » [23] : rues étroites, absence d'alignement des maisons, pas un jardin public pour 87 000 habitants (recensement de 1801). Le choléra de 1832 causera à Rouen la mort de 304 personnes. Le Dr Hellis [24] affirme qu'on aurait eu peine à citer quelques personnes aisées parmi ses victimes. Elles proviennent presque toutes du quartier de Martainville où s'entassent 15 000 personnes et qu'il faudra presque un demi-siècle pour assainir. On y observe, écrit le Dr Hellis, « un terrain bas, des habitations agglomérées, souvent au-dessous du sol ; des rues étroites, sales ; et dans beaucoup, des sources qui, s'échappant de dessous terre, viennent à sourdre entre les pavages, et sont une cause d'humidité permanente ».

Nantes, l'ancienne capitale des ducs de Bretagne et le grand port de commerce triangulaire au XVIIIe siècle, ne montre pas un meilleur aspect, derrière ses fastueux hôtels d'armateurs. Le Dr Guépin, un saint-simonien, lui a consacré une importante

---

21. J.B.M. SAINCRIC, *Essai sur la topographie physico-médicale de Bordeaux*, 1810 (thèse de médecine de la faculté de Montpellier).
22. Dr J. MABIT, *Rapport sur le choléra-morbus asiatique*, 1832.
23. *Essai sur la ville de Rouen*, par M. D., 1806.
24. *Souvenirs du choléra en 1832*, 1833.

monographie [25]. La ville — 75 985 habitants au recensement de 1836 — est divisée en six arrondissements. Le premier et le quatrième sont habités par les classes pauvres : 27 460 personnes y sont entassées dans des taudis insalubres.

A Lille, nombreux sont les habitants de la ville qui vivent dans les caves, abondamment décrites dès la fin du XVIIIe siècle, puisque la première mention de ces pourrissoirs date de l'époque révolutionnaire [26]. Il en existe d'ailleurs d'autres dans la même région.

A Toulouse, dernière grande ville au-dessus de 50 000 habitants au début du XIXe siècle, les habitations, surtout celles des pauvres, ne sont pas plus salubres qu'ailleurs. Dans l'une des meilleures topographies médicales de cette époque, un médecin a fait à son tour la description classique du logement des pauvres à l'aube de la société industrielle : « C'est dans ces rues étroites qui sont en si grand nombre, dans ces rues traversières toutes, presque sans exception, très rétrécies, qu'on remarque particulièrement l'insalubrité des rez-de-chaussée, où les rayons d'une lumière bienfaisante ne pénètrent jamais, où du moins ils ne s'introduisent aux meilleurs aspects que pour très peu de temps ; l'humidité du sol, jointe aux vapeurs malsaines que procurent le rassemblement d'un certain nombre d'individus dans des locaux souvent peu spacieux, des eaux sales, des ordures, des lieux d'aisances, etc., y forment une atmosphère saturée de méphitisme. »

Plus loin, le Dr Saint-André a su exprimer en quelques lignes l'état de l'atmosphère dans laquelle mijotaient les Toulousains, et sa description pourrait s'appliquer à nombre de villes à cette époque : « Ils sont habitués à vivre au milieu d'un air chargé de mille vapeurs putrides fournies par les boucheries, les cimetières qui sont rassemblés au lieu d'être isolés sur plusieurs points, et la plupart trop rapprochés de nos murs ou mal exposés ; au milieu des vapeurs que fournissent les hôpitaux, les

25. *Nantes au XIXe siècle*, statistiques topographique, industrielle et morale, 1835.

26. BARBAULT-ROYER, *Voyage dans les départements du Nord, de la Lys, de l'Escaut, etc., pendant les années VII et VIII*, messidor an VIII.

égouts, les ruisseaux d'usines, les excréments, au milieu de la fumée continuelle d'une quantité énorme de bois et de charbon ; au milieu d'un air quelquefois imprégné des vapeurs arsénicales, sulfureuses, bitumeuses qui s'élèvent de nombreux ateliers, et principalement d'une fonderie où l'on tourmente de tant de manières plusieurs métaux. [27] »

« Des bassins béants et sans couvercle »

Arrêtons là cette brève anthologie du sordide urbain pour revenir à Paris. Débute en effet pour la capitale une fonction pilote en matière d'hygiène. Là se débattront, entre hommes de l'art du plus haut niveau, toutes les questions posées par les incidences de la croissance d'une grande cité sur la vie quotidienne de ses habitants : le terme de « police sanitaire » apparaît, dès 1812, dans le vocabulaire administratif.

Commençons par les lieux privés, encore si rudimentaires, malgré quelques notables exceptions, à la chute de l'Ancien Régime. Il semble bien que rien n'ait changé malgré l'importation du système anglais à effet d'eau. A ce sujet, nous disposons d'un texte malheureusement isolé [28] : « Depuis quelques années, l'industrie a fait, dans la capitale, de grands progrès : dans le nombre des inventions précieuses on doit remarquer celle des garde-robes hydrauliques (water-closets). Cette invention est due aux Anglais et perfectionnée par M. Leignardier. On trouve chez lui deux sortes de garde-robes, les unes fixes, qui peuvent se placer dans tous les cabinets d'aisances et que les locataires peuvent facilement enlever en changeant de logement ; les autres, portatives et dans les formes les plus élégantes, représentant un meuble, suivant le prix qu'on veut y mettre. »

---

27. Dr J.A.D. SAINT-ANDRÉ, *Topographie médicale du département de la Haute-Garonne*, contenant la description générale de toutes ses communes, et la topographie plus particulière de celle de Toulouse, 1813.

28. L. PRUDHOMME, *Miroir historique, politique et critique de l'ancien et du nouveau Paris et du département de la Seine*, 1807, 5 vol., t. V.

Le système d'adduction d'eau n'est malheureusement pas défini et les garde-robes portatives ressemblent fort aux anciennes chaises percées : celles-ci persisteront jusqu'à la fin du siècle. Nous ignorons quel accueil a fait le public bourgeois à l'invention de ces W.-C. — notons l'apparition de l'expression —, mais leur constructeur en installa au palais du Tribunat où le concessionnaire demandait trois sous [29].

L'ensemble de la population, comme avant 1789, doit se contenter de loges infectes donnant sur l'escalier commun : tous les observateurs de cette époque — ils répéteront la même chose jusqu'en 1914 — le décrivent comme très souvent recouvert « d'ordures pétrifiées » ou liquides, car le débordement semble une règle presque générale. Dans ces maisons, la fosse ne se dissimule pas au fond des caves, elle est partout.

On pourrait même soutenir qu'elle commence à la cuvette, en fonte, en grès, en plâtre, en pierre, sur laquelle personne ne s'assoit : on y monte. Or la défécation en position accroupie multiplie les risques de voir l'excrément se répandre autour de la cuvette et bien entendu sur le siège — quand il existe. D'où, nous le verrons, l'engouement de certains théoriciens pour les lieux à la turque — dispositif auquel les Français n'ont jamais renoncé et qui fait encore aujourd'hui l'ébahissement des étrangers — à cause de leur simplicité d'entretien.

On aurait aimé savoir si les utopistes, si nombreux dans la première moitié du XIXe siècle, avaient pensé à un système original, puisqu'ils se sont penchés sur tous les détails de la vie quotidienne : on leur doit, par exemple, l'invention du vide-ordures, systématisé pour la première fois par le fouriériste Godin dans son familistère de Guise. Or la lecture de leurs œuvres maîtresses n'apporte rien sur ce point. Considérant, dans la description du phalanstère imaginé par son maître Fourier [30], s'attarde sur l'alimentation en eau, le chauffage central et l'éclairage, il ne dit pas un mot des lieux d'aisances. Nous apprenons seulement que ceux-ci seront nettoyés et même

29. J.F.C. Blanvillain, *Le Pariséum ou tableau actuel de Paris,*, 1807.
30. *Destinée sociale*, 1834.

vidangés par de « petites hordes » d'enfants : ces chers petits, selon des idées en cours à cette époque, adorent se vautrer dans l'ordure.

Etienne Cabet [31] insiste sur la propreté, mais les quelques lignes qu'il consacre aux W.-C. sont énigmatiques : « Les lieux qui sont naturellement les plus dégoûtants sont ceux où l'art a fait le plus d'efforts pour en éloigner toute espèce de désagrément ; et l'une des plus jolies statues décernées par la République est celle qu'on aperçoit, dans toutes les maisons, au-dessus de la porte d'un petit cabinet charmant, pour éterniser le nom d'une femme inventeur d'un procédé pour chasser les odeurs fétides. » Le sexe faible avait donc un rôle beaucoup plus important qu'on ne l'a cru dans la société icarienne...

Les latrines scolaires

Il va de soi que, dans le régime carcéral qui est celui des lycées et des collèges du XIXe siècle, les latrines doivent bénéficier d'un soin tout particulier de la part des autorités administratives et médicales. Qu'elles soient puantes, c'est tant mieux : les élèves y séjourneront moins longtemps, voilà l'essentiel. Selon le Dr Pavet de Courteille [32], attaché au collège royal Saint-Louis, chaque loge doit être séparée de sa voisine par une cloison de plâtre montant du sol à la charpente. On prendra la précaution de couper les portes en haut afin que du dehors on puisse voir la tête de l'élève et le surveiller.

Cette mesure de haute police sexuelle est clairement indiquée dans un texte décrivant les lieux du collège royal de Lyon, à la fin de la monarchie de Juillet [33] : « Sous le rapport moral, ces lieux sont assez convenablement disposés pour qu'aucun des désordres à craindre ne puisse y être commis. On ne prend pas cependant, comme on l'a fait dans quelques établissements, de

31. *Voyage en Icarie*, 1842.
32. *Hygiène des collèges et des maisons d'éducation*, 1827.
33. Dr J.-P. Pointe, *Hygiène des collèges, comprenant l'histoire médicale du collège royal de Lyon*, 1846.

trop grandes et trop minutieuses précautions. En effet, des précautions exagérées et trop visibles peuvent étonner les enfants, les exciter à en chercher la cause, et, quand ils l'ont découverte, leur donner connaissance des choses qu'il importe de leur laisser ignorer. Mais on en prend assez pour que, lors même qu'ils auraient déjà la connaissance du mal, la crainte d'être surpris les empêchât de s'y livrer. Des cabinets qui sont voisins des lieux surveillés, des portes qui ne bouchent pas complètement l'entrée, qui laissent dans le haut et dans le bas des ouvertures par lesquelles celui qui se renferme dans ces lieux peut avec raison redouter d'être aperçu de plus ou moins loin, sont, à notre avis, des précautions suffisantes. »

Ce texte s'inscrit dans la ligne du combat antimasturbatoire qui a été l'obsession du XIXe siècle. Les latrines ont été en effet les refuges de prédilection des « mauvais sujets » : « Il n'est point hors de propos de parler ici d'une tradition des écoliers paresseux qui passent une partie des heures de la classe dans les lieux d'aisances. Tandis qu'ils croient ainsi échapper à la surveillance des maîtres, au travail, et qu'ils s'abandonnent à des habitudes que la fainéantise seule conseille, que l'hygiène et la morale réprouvent également, ils compromettent leur santé de la manière la plus grave ; rarement ils échappent aux maux d'yeux, aux douleurs de tête, aux maladies de poitrine et d'estomac. La laideur et la mauvaise santé sont le châtiment infaillible de leur déplorable conduite. »

Ce réquisitoire date de 1865. Il fallait pourtant un certain courage pour séjourner alors dans les latrines plus de temps qu'il n'était nécessaire. Le rapport du Dr Vernois [34], qui a visité la presque totalité des lycées de France, soit 77, concluait que, dans 54 établissements, les lieux d'aisances exhalaient des odeurs infectes.

Les écoles primaires n'étaient pas mieux loties, un document adressé au Comité central d'instruction primaire de la ville de Paris l'affirme avec force, dès le règne de Louis-Philippe. Son

34. *De l'état hygiénique des lycées sous l'Empire en 1867.*

auteur, le Dr Héreau[35], n'hésite pas en effet à déclarer que les nouvelles écoles sont aussi « dégradantes pour le physique qu'elles étaient, naguère, abrutissantes pour le moral ». « Si presque partout, ajoute-t-il, dans une rue ou un carrefour étroits, il y a une vieille maison sale, incommode et insalubre, c'est l'école. »

Naturellement, les cabinets d'aisances ne correspondent pas au nombre des élèves et se révèlent des foyers d'infection insupportables. Une école de filles, dans l'un des quartiers les plus populaires de Paris, a son entrée, sa cour et même ses latrines communes avec un café. Le passage étroit conduisant à une autre sert de latrine à tout le quartier. En définitive, « nos écoles primaires gratuites ne sont encore que des refuges ouverts par la charité aux enfants du pauvre ; c'est toujours l'aumône déguisée, parcimonieuse, insuffisante, pernicieuse même ».

Le Dr Héreau, qui voudrait que l'éducation physique soit la base de l'éducation proprement dite, ne semble pas préoccupé par la vie sexuelle des enfants, alors qu'un de ses collègues, le Dr Cerise, qui s'est intéressé aux « salles d'asile »[36], a vu des enfants de deux-trois ans, de l'un et l'autre sexe, « entraînés à des actes tout à fait automatiques semblant annoncer une sensibilité spéciale ». Il pose un principe sur lequel on ne reviendra plus dans les écoles françaises : les mains des enfants doivent toujours être exposées à la lumière du jour ou occupées par des mouvements convenables.

Où l'acte enfin s'escamote

Les nouveaux soucis de décence vont se manifester dans l'histoire tourmentée des urinoirs publics : elle commence à Paris dès le premier Empire, et nous allons tenter d'en établir la chronologie et les avatars successifs.

---

35. Dr Héreau, *Des écoles sous le rapport de l'éducation physique et de l'hygiène*, 1840.

36. *Le Médecin des salles d'asile ou manuel d'hygiène et d'éducation physique de l'enfance*, 1836.

Il est certain que, sans doute à l'imitation du Palais-Royal, où nous avons déjà signalé l'installation de cabinets d'aisances dès avant la Révolution, d'autres entreprises du même genre sont apparues dans la capitale au début du XIXe siècle. Nous venons d'évoquer les W.-C. du Tribunat avec leur matériel moderne, il y en eut sûrement d'autres. Aucune liste n'a jamais été dressée de leurs emplacements, puisqu'on ne pouvait plus évoquer clairement ce qui avait trait au sexe et à ses fonctions. Le rédacteur d'un guide, sous la Restauration, signale cette nouvelle pudeur [37] : « Nous avons l'oreille si délicate et une si grande susceptibilité dans l'esprit, qu'il faut choisir dans vingt circonlocutions toutes assez embarrassantes, celle qui désigne le plus décemment et le plus intelligemment possible cet endroit secret où il faut absolument aller soi-même. »

Bazot parlera donc, à la place de lieux d'aisances, d'« établissement unique », et il fournit quelques adresses :

- au Palais-Royal, près du marchand de comestibles, derrière le Théâtre-Français ;
- rue Vivienne, en face du Trésor public ;
- au jardin des Tuileries, au bas et à l'extrémité de la terrasse des Feuillants ;
- au jardin du Luxembourg, également à l'extrémité de la terrasse de la Pépinière. Etc.

Cet « etc. » ne facilite évidemment pas les recherches. Dans une nouvelle édition de son guide, parue en 1819, Bazot reviendra sur les délices des toilettes du Palais-Royal : « Des cabinets d'une propreté extrême, des glaces, une jolie femme au comptoir, des préposés pleins de zèle, tout enchante les sens et le client donne dix, vingt fois plus qu'on ne lui demande. »

Ce lieu paradisiaque est tout à fait exceptionnel dans le paysage parisien. En 1822, un rapport du Conseil de salubrité de la capitale [38] fait état de protestations émanant de personnes

37. M. BAZOT, *Nouveau conducteur des étrangers dans Paris depuis la Restauration*, 1816.

38. *Annales de l'industrie nationale et étrangère* ou Mercure technologique, recueil de mémoires sur les arts et métiers, les manufactures, le commerce, l'industrie, l'agriculture, etc., 1822.

demeurant dans les parages d'« urinoirs publics ». On apprend ainsi qu'un certain Chénié, rue des Filles-Saint-Thomas, en face de la rue des Colonnes — avant la construction de la Bourse par Brongniart —, est le propriétaire de latrines établies d'après les indications données par le Conseil et qui ont servi depuis de modèles. Ces « indications » posent des questions auxquelles il est, pour l'instant, impossible de répondre.

De même, au sujet des affirmations du médecin et pharmacien Couverchel qui décrit ainsi des urinoirs : « Ceux qui existent en trop petit nombre remplissent fort improprement leur destination ; formés en effet d'espèces de baquets pour la plupart découverts, ils affectent si désagréablement la vue et l'odorat qu'il faudrait être privé de ces deux sens pour en approcher sans répugnance [39]. » Nous n'avons aucune représentation iconographique de ces barils d'aisances. L'administration en aurait-elle fait disposer en certains emplacements de Paris ? Couverchel suggère une colonne — les premières vespasiennes affecteront en effet cette forme — entourée de stalles. On les édifierait sur les boulevards, les quais, les places, près des stations d'omnibus.

Si on se fie à un article paru dans la *Revue générale de l'architecture et des travaux publics* en 1841 [40], les premiers essais de vespasiennes seraient apparus en 1830, sur les boulevards, peu de jours avant les ordonnances qui déclenchèrent les journées de Juillet. Il s'agissait de quelques colonnes à double usage — urinoirs et affichage publicitaire — élevées sur le boulevard des Italiens. Leurs matériaux — plâtre et moellons — servirent à la construction de barricades. Cette information signifierait donc que le préfet Rambuteau — auquel on attribue l'invention de ces colonnes qui portèrent son nom quelque temps — n'aurait été que le vulgarisateur d'un système mis au point avant son installation à la préfecture de la Seine.

Dans ses *Mémoires*, Gisquet, préfet de police à partir du

39. *De l'assainissement des fosses d'aisances, des latrines et des urinoirs publics* par Couverchel, de l'Académie de médecine et de la Société de pharmacie, 1837.
40. Numéro d'avril.

15 octobre 1831, c'est-à-dire intronisé dans une fonction d'autorité parisienne avant Rambuteau, s'attribue le mérite d'un plan de création de 1 500 urinoirs publics installés à des emplacements précis. Un homme s'y serait trouvé à couvert, un filet d'eau eût coulé en permanence pour rincer, des tuyaux auraient communiqué avec les égouts.

Nous ne possédons, pour l'instant, aucune indication complémentaire sur ce mirifique projet. Nous ne saurons peut-être non plus jamais ce que Rambuteau a écrit sur ce point. Son petit-fils, dans l'édition qu'il a procurée des *Mémoires* du préfet [41], a jugé bon de les amputer de tout ce qui avait trait à la voirie. Or il déclare lui-même, dans sa préface, que son grand-père avait laissé des « notes très étendues » sur cette partie. Que sont-elles devenues ?

Claude Philibert Barthelot, comte de Rambuteau, préfet en province sous l'Empire, devint — à cinquante-deux ans — préfet de la Seine en 1833 et il le resta jusqu'à la chute de Louis-Philippe. Ce Bourguignon solide, de très ancienne famille noble, avait été reçu à Polytechnique, mais n'y entra pas. Dans tous ses postes, il manifesta de remarquables qualités d'administrateur avant de donner toute sa mesure à Paris. Voici le premier écologiste du corps préfectoral. Son programme, dès qu'il entre en fonction, le prouve : fournir aux Parisiens de l'eau, de l'air, de l'ombre. Ce personnage officiel n'a pas le goût du monumental, et il fut en effet l'homme des petits détails de la vie quotidienne.

Ainsi, Rambuteau fut le premier administrateur parisien à s'occuper du régime des hôpitaux et, pour commencer, de la nourriture des malades, jusque-là infecte. N'osa-t-il pas rappeler que ces établissements avaient été fondés pour les pauvres malades et non pour la commodité des médecins titulaires, passant en coup de vent pour ne rien perdre des profits retirés de leur clientèle personnelle ? Ne précisa-t-il pas que dans les cas d'urgence, au lieu de précéder l'entrée, les formalités devaient suivre ? C'est encore Rambuteau qui a institué les conseils des

41. 1905.

prud'hommes dans la capitale. Amoureux des arbres, il veilla soigneusement à leur entretien et à leur multiplication. Pour l'eau, il accomplit également un magnifique effort : 146 bornes-fontaines en 1830, 1 840 en 1848. Dans la ligne de préoccupations aussi « basses », il était normal que Rambuteau s'affrontât à la question des latrines publiques.

Une commission désignée pour examiner le problème des urinoirs se réunit en 1835 : « L'administration espère qu'une compagnie lui soumettra incessamment un projet pour l'établissement de cabinets d'aisances payants et gratuits, sans exiger peut-être d'autre rétribution que la propriété des matières et le revenu des cabinets payants. Dès qu'elle aura la demande et les plans que doit donner cette compagnie, il sera donné suite à cette affaire. » Les choses ont certainement traîné. Il faut attendre une lettre du préfet de police Delessert au commissaire du quartier Feydeau, en date du 19 juillet 1839, pour entrevoir la solution : « J'ai autorisé, à titre d'essai, écrit le préfet, la construction de colonnes à affiches avec urinoir intérieur sur les boulevards Montmartre et des Italiens. »

Les premières vespasiennes vont donc faire leur apparition sur les boulevards, cœur de la vie parisienne, en 1841. César Daly, l'un des augures de l'architecture française à cette époque, ne les apprécie pas [42] : « On élève en ce moment, sur les trottoirs des quais qui longent la rive droite de la Seine, depuis l'Hôtel de Ville jusqu'au jardin des Tuileries, des colonnes à double emploi, en tout semblables à celles qui existent déjà dans toute l'étendue des boulevards du Nord, et dont nous déplorions l'an dernier la forme si peu élégante. Aujourd'hui, on vient, sur de nouveaux frais, de reproduire ce fâcheux modèle. On ne peut en féliciter l'administration. Nous avons dans Paris une série de modèles pour le gaz et des bornes-fontaines qui feraient honte à des Lapons. Fallait-il venir encore répéter le modèle de la colonne d'aisances ? »

Le populaire romancier Paul de Kock, qui décrit ces édicules en 1845 [43], ne les trouve pas non plus à son goût : « On a

42. *Revue générale de l'architecture et des travaux publics*, juin 1842.
43. *Paris au kaléidoscope*.

élevé sur les boulevards, à des distances peu éloignées, des espèces de colonnes de dix à douze pieds de haut qui se terminent par une boule et une pointe menaçant le ciel : ce genre d'architecture rappelle les minarets de l'Orient et je ne vois pas en quoi nos nouvelles colonnes peuvent avoir l'intention de nous rappeler les Turcs. » Paul de Kock, auteur leste mais bon bourgeois, applaudit cependant à ce triomphe de la décence que le poète Barthélemy ne manquera pas de célébrer :

> « ... sur nos boulevards, des tourelles de pierre
> Dispensent la pudeur de baisser la paupière. »

Vivent donc les « niches pudibondes », ces « tours discrètes où l'acte s'escamote » ! Elles seront certainement imitées en province, car il en existe encore plusieurs à Grenoble. En 1952, Boris Vian avait remarqué ces échauguettes monoplaces avec « un piédestal donnant de la noblesse à celui qui officie ».

De cette époque date également une très heureuse démarche due à un citoyen sérieux, promoteur des embellissements de la rue du Faubourg-Saint-Martin, ancienne voie romaine dont l'aspect général laissait beaucoup à désirer. De plus, elle était fréquentée par de nombreux « misérables dont l'incroyable cynisme va chercher les vitres des boutiques pour faire preuve de leur dégoûtante immoralité ». Ainsi s'exprimait un courageux militant de l'initiative individuelle qui proposa de porter remède à cette situation par les seules ressources des riverains. Il convoqua 300 propriétaires et leur soumit l'idée d'aménager des trottoirs sans interruption depuis la porte Saint-Martin jusqu'à la barrière de la Villette. Ils seraient éclairés par 100 candélabres à gaz — aussi élégants que ceux des Champs-Elysées —, égayés par 30 fontaines, purifiés par 30 bornes vespasiennes. Chaque possesseur d'immeuble paierait une somme proportionnelle à la longueur de sa façade. Certains bourgeois de cette période louis-philipparde avaient encore le sens civique : avec l'aide de l'Etat et de la Ville, ce fastueux programme fut entièrement réalisé.

On remit la conception des édicules au sculpteur Martin qui déchaîna une verve éclectique : pilastres d'ordre composite avec chapiteaux et ornements dorés, chimères, armes de la Ville de Paris, tout ce bric-à-brac réuni en forme de petite rotonde « dont l'élégance un peu outrée dissimule du moins ce que sa destination a de vulgaire », comme le note si bien dans l'esprit du temps un journaliste, en 1849. Ce mobilier urbain, jugé « peu intéressant » en 1901, a peu à peu disparu. Il restait encore une fontaine en 1921. Elle a été transportée dans le square de l'église Saint-Laurent, non loin de son emplacement originel [44].

En avril 1843, Paris disposait déjà de 468 urinoirs [45]. Les colonnes Rambuteau n'étaient pas les seules représentées dans ce chiffre, nous l'apprenons par un correspondant de la *Gazette municipale* qui, en décembre 1847, s'indigne une nouvelle fois des libres pratiques parisiennes d'exonération sur la voie publique. Or ce digne citoyen distingue, dès cette époque, trois types en fonction. D'abord les urinoirs-affiches — ce sont les colonnes du préfet —, ceux en tôle et en fonte, enfin ceux formés de deux plaques en lave d'Auvergne revêtues d'un émail verdâtre.

Le public ne les adopte pas aussi facilement qu'on pourrait le croire : il n'ose peut-être pas entrer, puisqu'il se satisfait tout autour de l'édicule. Quant aux emplacements ! L'administration n'a pas hésité à défigurer des monuments, puisqu'elle en a implantés sous la porte Saint-Denis et sous la porte Saint-Martin. On en rencontre aussi sous le guichet de l'Horloge, passage commun aux voitures et aux piétons. Comme en cet endroit l'évacuation se fait difficilement, il y a risque journalier d'aspersion totale.

Pour la province, nous ne disposons encore que d'indications très fragmentaires. D'après les Drs Monfalcon et de Polinière, les latrines publiques de Lyon atteignent la « perfection ». L'affirmation semble étonnante étant donné ce que ces deux praticiens ont eux-mêmes écrit sur le déplorable état hygiénique

---

44. Marie de THÉZY, *Paris, La Rue, histoire du mobilier urbain parisien du second Empire à nos jours*, Paris, Société des amis de la Bibliothèque historique, 1976, 144 p.

45. Archives de la Préfecture de police D $\frac{B}{140}$.

de cette ville. Une seule indication précise dans leur *Traité* : « L'architecte communal, M. Dardel, a installé des urinoirs sur les ponts les plus fréquentés. Leur nombre n'est pas assez grand, mais le but a été atteint. »

A Lille [46], aucun urinoir publique avant le milieu du XIXe siècle. Au début du second Empire, la municipalité en fait établir quelques-uns contre les murs de certains immeubles et autour des monuments publics, ici comme partout lieux d'élection de la libre exonération. Le théâtre est flanqué de dix-huit stalles, c'est-à-dire cinquante mètres carrés de plaques verticales exposées au soleil et qui, faute d'entretien, exhalent d'épouvantables odeurs, d'autant plus que l'urine s'écoule directement au caniveau. Les Lillois, peu habitués à ce genre de commodités, appelaient cette manière de faire « pisser à l'mode de Paris »...

L'intestin de Léviathan

Napoléon Ier, en bon ingénieur, ne pouvait laisser de côté la question du stockage intérieur des déjections alvines. Par le décret du 10 mars 1809 — repris ensuite dans l'ordonnance royale du 24 septembre 1819 —, les entrepreneurs sont mis en demeure de veiller soigneusement à l'étanchéité des fosses qu'ils établissent. Mais le texte n'a réglé ni la structure des appareils servant de siège ni celle des tuyaux de chute qui doivent pourtant offrir une résistance à toute épreuve. S'ils se trouvent fissurés, ils dégagent de mortelles exhalaisons. De multiples exemples le prouvent, rapportés par des médecins. Car, dès 1805, le « méphitisme » a été identifié par Chaussier, Dupuytren et Thénard. Il se compose de sulfhydrate d'ammoniac et d'acide sulfhydrique, deux corps gazeux dont l'odeur est analogue à celle des œufs pourris. C'était l'origine des graves intoxications causant parfois la mort des compagnons vidangeurs : en 1820,

46. Pierre PIERRARD, *La Vie ouvrière à Lille sous le second Empire*, Paris, Bloud et Gay, 1965, 532 p.

Labarraque proposera et fera adopter le chlorure de soude comme désinfectant des matières fécales avant leur enlèvement.

Conformément à l'ancienne réglementation, les entrepreneurs de vidange — on en compte quatorze à Paris en 1837 — travaillent de nuit et ils utilisent de plus en plus une pompe qui remplace efficacement les seaux. Pompe à piston unique d'abord, aspirant mille litres en vingt minutes, puis — à partir de 1830 — pompe aspirante et refoulante débitant le même nombre de litres, mais en six minutes.

Le transport, comme avant la Révolution, s'effectue au moyen de tinettes en forme de cônes tronqués de 0,86 cm de haut, 0,40 cm à la base, 0,24 cm à l'ouverture. Chaque charrette en contient trente-deux, continuellement mises en mouvement par les cahots. Il s'ensuit un vacarme auquel — disent les contemporains — n'est comparable que celui d'un train d'artillerie. Ajoutons que, durant le parcours, les bouchons recouvrant les tinettes sautent fréquemment et les matières se répandent sur la voie publique.

Sur le chemin de Montfaucon, une ordonnance de police le signale en juin 1834, les convois causent d'effrayants dégâts à la voie publique. Il faut se ranger promptement devant ces énormes charrettes dont le passage ébranle les maisons riveraines, dégrade les trottoirs, cause la rupture des conduites d'eau, quand il n'enfonce pas avec désinvolture quelque boutique mal placée. C'est un véritable trouble de jouissance pour les habitants des maisons qui bordent les rues aboutissant à la barrière du Combat. Le travail des vidangeurs commence en effet à onze heures du soir en été pour se terminer à six heures du matin, il dure de dix heures à sept heures en hiver. Les compagnons — presque tous originaires du Limousin — n'œuvrent pas en silence, d'autant plus qu'ils ont besoin de boire pour se stimuler dans une tâche toujours difficile et fertile en incidents.

Une fois la vidange effectuée, il faut se rendre sans tarder à Montfaucon, lieu dantesque dont on s'étonne que Hugo n'ait pas songé à le décrire. Imaginons de vastes étangs : les matières y restent plusieurs années, abandonnées aux fermentations putrides. Une partie des liquides s'engage dans des tuyaux qui

1. Forteresse de Brouage (Charente-Maritime), XVIIe siècle, latrines des officiers (cliché AGL).

2. Cabinets d'aisances dans les jardins des Champs-Elysées par l'architecte E. Gaudrier, vers 1875.

3. Vespasienne à six loges, place de la Bourse, vers 1865.

4. Chalet de nécessité, place de la Madeleine, derrière l'église, vers 1865.

5. *Urinoir circulaire à six places devant le théâtre de l'Ambigu, vers 1865.*

6. *Urinoir à six stalles devant un pavillon des Halles centrales, vers 1870 (photo anonyme).*

7. *"Cabinets inodores à cinq centimes" en bois ouvragé, place Saint-Sulpice. Au fond, à gauche, colonne à une place, vers 1865.*

8. *La vidangeuse automobile (W. Darvillé, L'eau à la ville, à la campagne et dans la maison, s.d.).*

Vespasienne à un place en fonte uvragée, par le sculpteur Martin. ue du Faubourg-Saint-Martin, ers 1865.

10. Colonne-urinoir surmontée d'une boule, quai de l'Hôtel de Ville, vers 1865.

11. Colonne-urinoir avec toiture en bulbe et écran, Bd Sébastopol, vers 1865.

12. Urinoir à deux stalles avec écran, vers 1865.

13. Rare type d'urinoir en bois à trois compartiments, place du Louvre, devant la mairie du 1er arrondissement, vers 1865.

14. Urinoir à deux stalles avec porte en fonte ouvragée, chaussée de la Muette, vers 1865.

15. W.-C. intérieurs dans un hôtel particulier donnant sur le parc Monceau, dessin exécuté par Daniel Dabilly en 1983.

16. Etui à cigarettes (Collection Debuisson).

les conduisent dans l'égout latéral au canal Saint-Martin : ils viennent se mélanger aux eaux de la Seine à la pointe sud de l'île de Louviers. Une autre partie s'infiltre dans le sol et se répand dans les puits du faubourg du Temple : l'eau en est rendue inutilisable, ce qui ne signifie pas pour autant qu'elle soit inutilisée [47]. A certains moments, il se dégage de Montfaucon un arôme fécal épouvantable que les vents du nord et du nord-est rabattent sur Paris. Dès la Restauration, les habitants des arrondissements proches de la voirie se plaignent amèrement de la situation qui leur est faite : le 7e régiment d'infanterie de ligne, caserné rue de Popincourt, compte toujours de nombreux malades ; la femme du boulanger du 46, rue de Ménilmontant, une personne accorte et grassette, est en train de dépérir [48].

Le préfet Gisquet s'est rendu plusieurs fois lui-même à Montfaucon. Il y a observé d'étranges spectacles : « J'ai vu les opérations qui s'y pratiquent ; j'ai vu des hommes tout nus, passant des journées entières au milieu des bassins, pour y chercher, dans la masse de la matière fécale, les objets de quelque valeur qu'elle pouvait contenir. » De vigoureux Alsaciens travaillent en permanence à Montfaucon où se pratique l'équarrissage. Gisquet a été également étonné par ce qui en résulte : « Un banc énorme, qui n'a pas moins de quinze pieds de profondeur, formé de gros vers blancs et sur lequel coule sans cesse un ruisseau de sang, provenant des animaux abattus, présente, je crois, au suprême degré, tout ce qui constitue le dégoûtant et l'infect. A côté de ce banc, il en existe un autre qui ne lui cède en rien sous ces deux rapports ; c'est un amoncellement d'os et de chairs d'animaux qu'on laisse pourrir exprès pour qu'il s'y forme de petits vers rouges, nommés asticots, objets d'un commerce lucratif. »

Dès 1817, une ordonnance de Louis XVIII avait autorisé la

47. Jules GARNIER, *Une visite à la voirie de Montfaucon considérée sur le point de vue de la salubrité publique*, 1844.

48. *Mémoire sur les inconvénients des voiries de Paris et la nécessité de l'exécution des lois et ordonnances qui en ordonnent l'expulsion*, 1824. (Signé : les propriétaires et habitants des quartiers de Ménilmontant et Popincourt.)

Ville de Paris à disposer de trente hectares dans la forêt de Bondy afin d'y transférer son dépotoir. Mais les travaux furent longtemps retardés par le duc d'Orléans qui n'admettait pas facilement l'installation d'une voirie dans les parages de son domaine du Raincy. Il fallut attendre 1849 pour que Montfaucon soit définitivement interdit aux vidangeurs et aux équarrisseurs.

Pendant toute la première moitié du XIXe siècle, Paris a donc été infecté par une gigantesque fosse à ciel ouvert. Toutefois, les progrès conjugués de la chimie et de la police sanitaire permettaient d'espérer une solution rationnelle aux maux engendrés par la stagnation des excréments. Dans cette tâche, un médecin-sociologue, Alexandre Parent-Duchâtelet, joua un rôle précurseur. Dès les débuts de sa carrière, ce grand bourgeois fut fasciné par les égouts. Il les parcourt sans crainte, il en respire l'odeur lourde avec délice. Invité à une réception à l'Hôtel de Ville, il confie : « J'aime cent fois mieux aller dans un égout que de venir à cette réunion. » Et, ajoute son biographe, il tint parole [49].

Entraîné par un enthousiasme dont il conviendrait d'analyser les composantes, Parent-Duchâtelet en vient à parler des égoutiers avec des accents à la Rousseau : « Comme ils sont tous sans biens et sans fortune, que l'égalité la plus parfaite règne parmi eux, ils sont peut-être les seuls qui connaissent tous les charmes de la véritable amitié. Je ne serais pas surpris qu'on fût obligé d'aller chercher dans les égouts de Paris le type du véritable bonheur. » Cet annonciateur des hygiénistes militants de la fin du siècle est constamment sur le terrain. Il enquête dans les maisons closes ; dirige les travaux de colmatage lorsque, en 1826, l'égout de la rue Amelot se bouche et qu'une marée nauséabonde se répand dans le centre de la capitale ; anime les équipes de secours quand le choléra ravage Paris en 1832.

On retrouve naturellement Parent-Duchâtelet dans la commission réunie, sous Louis-Philippe, pour étudier la suppres-

---

49. Rapporté par Alain Corbin dans sa présentation de l'ouvrage de Parent-Duchâtelet, *La Prostitution à Paris au XIXe siècle*, Paris, Le Seuil, 1981, 216 p.

sion de Montfaucon [50]. Au cœur du problème, une question fondamentale : doit-on se débarrasser tout à fait de l'excrément humain ? Ne peut-on conserver ce qui a une valeur intrinsèque — l'exemple de la poudrette est probant à cet égard — et rejeter le reste ? En conséquence, pourquoi ne pas séparer les liquides des solides, autant que possible sur les lieux mêmes de production ? Diverses organisations ouvriront des concours devant aboutir à l'invention de dispositifs séparateurs, ce que l'on nommera les appareils « diviseurs » [51].

Car l'engrais humain jouit alors d'un prestige quasi mythique. Dès que l'on s'interroge à son sujet, les agronomes se déchaînent. Au début de la révolution de 1848, un ancien élève de Grignon écrit au journal *La Presse* : « Que la République décrète que la perte de tout engrais humain, par le fait de la négligence d'un citoyen, sera punie des peines les plus sévères. L'engrais humain, c'est la condition de vie ou de mort du règne végétal, par suite, la condition de vie ou de mort du règne animal ; c'est enfin le secret de la richesse et de la sécurité publiques. »

Même l'urine est précieuse, Girardin et Du Breuil insistent là-dessus dans leur *Cours d'agriculture* [52] : dans un kilo de ce liquide, il y a la quantité d'azote nécessaire à la production d'un kilo de blé ! D'après ces auteurs, leur confrère, le professeur Schubler, a expérimenté qu'un sol arrosé avec de l'urine humaine produit deux fois plus que s'il est fumé avec des matières fécales ou le sang des boucheries. « S'il était possible, concluent nos auteurs, d'évaporer économiquement l'urine, en l'empêchant de se putréfier durant l'opération, on obtiendrait l'engrais le plus énergétique, transportable à de grandes distances sous le plus petit volume, et il n'y aurait plus nécessité de faire venir de si loin l'engrais du Pérou. »

50. *Rapport sur les améliorations à introduire dans les voiries, les modes de vidange et les fosses d'aisances de la Ville de Paris, op. cit.*

51. Concours pour la désinfection des matières fécales et des urines dans les fosses mêmes, et pour des appareils propres à opérer la séparation des liquides et des solides, 1848.

52. *Cours élémentaire d'agriculture*, 2 vol., 1850.

Les utopistes ne pouvaient rester insensibles devant d'aussi belles démonstrations des harmonies de la nature. Pierre Leroux s'empara aussitôt de cette argumentation pour en tirer les conséquences sociales qui s'imposaient. Il affirma que le fumier que nous rejetons contenait assez d'éléments reproducteurs pour subvenir à la consommation progressivement croissante de la société [53]. Il existait une loi naturelle maintenant en permanence un équilibre nécessaire entre la fertilité du sol et l'augmentation de la population. « Si, écrivait l'ami de George Sand, les hommes étaient croyants, savants, religieux, au lieu de rire, comme ils le font, du Socialisme, ils professeraient avec respect et vénération la doctrine du ''circulus''. Chacun recueillerait religieusement son fumier pour le donner à l'Etat, c'est-à-dire au percepteur, en guise d'impôt ou de contribution personnelle. La production agricole serait immédiatement doublée et la misère disparaîtrait du globe. » Malthus s'était donc trompé. Mais c'est Haussmann qui, bientôt, aura le dernier mot...

53. *Revue de l'ordre social*, 1850, n° 1.

5

Pas de voie sans égout

L'immeuble haussmannien ne sent pas bon

Les immeubles « mixtes » furent très fréquents avant la Révolution et encore durant la première moitié du XIXe siècle. On peut le voir dans les coupes de maisons, sujets que les dessinateurs de cette époque affectionnent particulièrement : plus on monte, plus la « somptuosité et la confortabilité » diminuent pour aboutir au galetas sous le comble. Avec l'avènement du second Empire, ces microcosmes sociaux vont peu à peu disparaître. A Paris, le mouvement commence dès la Restauration, quand de nouvelles rues se forment à l'ouest et au nord de la ville. Il s'achèvera à la suite des travaux d'Haussmann qui exilera volontairement les classes dangereuses à la périphérie de la capitale. Bientôt, dans chaque ville importante, on distinguera des quartiers entiers composés de demeures « bien habitées » et un ghetto prolétarien où les membres des classes supérieures pourront n'avoir jamais à se rendre.

Pour les propriétaires « à l'aise », les architectes épuiseront, dans la composition des façades, les recettes apprises à l'Ecole des beaux-arts où le bric-à-brac archéologique a tenu, pendant un siècle, un rôle stérilisant pour l'imagination des élèves. Ainsi, le néoclassique et le néogothique se livreront un combat acharné dont les traces sont toujours visibles dans nombre de villes françaises. Les « créations » qui en résulteront auront des loyers dissuasifs pour qui n'a pas une véritable « position » sociale. Elles atteindront, sous Haussmann, une sorte de classicisme : des générations d'architectes s'efforceront de les reproduire jusque dans l'entre-deux-guerres.

A partir du second Empire, l'appartement bourgeois offre une rationalité inconnue auparavant. Il comprend obligatoirement un espace public de représentation, le salon et la salle à manger ; un espace privé d'intimité familiale, les chambres ; et des espaces de rejet, la cuisine et les lieux d'aisances. Réceptacle de la vie mondaine et de la vie du couple, l'appartement doit en effet assurer aussi des fonctions de transformation et d'excrétion. On y accommode les aliments — une opération de plus en plus importante —, et il faut se débarrasser des eaux sales et des déjections alvines. Or, dans ces deux cas où la rationalité bourgeoise aurait dû jouer à plein, on constate une étrange rupture. Ici, le vital est en cause, le rapport direct au corps. Force est de remarquer que la nouvelle classe au pouvoir a considérablement abaissé son seuil de réception à tout ce qui touche au « sale ».

En conséquence, au XIXe siècle, les architectes, parfaitement représentatifs de leur classe d'origine, ont banni la cuisine de leur champ d'activité. Sans question, ils la rejettent à l'extrémité de l'appartement : ce lieu rempli de fumée, d'odeurs âcres, occupé par un fourneau noir dont la chaleur affecte le teint, n'est vraiment fréquentable que par un personnel de basse condition. C'est seulement à la fin du siècle que les hygiénistes pastoriens dénonceront les cuisines des appartements bourgeois comme des repaires de mouches et des nids de poussière où se tapit le bacille de Koch et qu'ils réclameront leur transformation.

La même indifférence entoure le cabinet de toilette, encombré de brocs et de cuvettes. A Paris, l'eau distribuée par les canalisations n'atteindra le sommet des immeubles de la rive droite qu'en 1865 et celui de la rive gauche dix ans plus tard. Il importe peu d'éloigner la salle de bains — quand elle existe — des chambres, puisque son matériel n'est pas d'usage quotidien. L'eau ne prendra vraiment de valeur qu'après les travaux de Pasteur : le lavage quotidien de certaines parties du corps deviendra une nouvelle obligation sociale.

Le mépris des bourgeois pour les nécessités corporelles se manifeste surtout dans ce qui se rapporte aux lieux d'aisances. Les architectes implantent les cabinets n'importe où dans l'appartement, même en annexe de la cuisine. Le « thomas » — et le seau hygiénique en métal qui le complète maintenant — poursuivent leur carrière. Les domestiques, si nombreux à cette époque dans toutes les familles bourgeoises, n'ont-ils pas aussi pour office de les vider ? Il n'y a aucun intérêt pour un homme de l'art, voué au service du Beau — surtout s'il a obtenu le prix de Rome —, à se pencher sur d'aussi vils détails.

Il ne faut même pas trop en rire, car la justice impériale se montre d'une extrême pudibonderie. Baudelaire et Flaubert l'apprendront à leurs dépens, puisque le procureur Pinard, en 1857, demandera un blâme sévère pour *Madame Bovary* et obtiendra que plusieurs poèmes soient supprimés du recueil des *Fleurs du mal*. Deux ans auparavant, un fabricant d'objets en tôle avait comparu devant le tribunal correctionnel de la Seine pour avoir mis en vente des vases de nuit au fond desquels s'étalait, peint sur émail, un œil grand ouvert accompagné de la fameuse légende : « Je te vois. » Les poursuites avaient été ouvertes sur la plainte d'un concurrent jaloux. Le tôlier fut condamné à un mois de prison ferme.

L'affaire vint en appel et l'avocat de la défense brandit l'objet devant les magistrats : « Tout le monde rit, lança-t-il. Les dames qui sont dans la salle et dont l'honnêteté est insoupçonnable n'ont pas quitté l'audience indignées, elles ont ri comme les messieurs. Personne n'a senti ses mœurs outragées. Mon client a donc commis une plaisanterie de carrefour, si l'on veut, mais une plaisanterie n'est pas coupable. » Le procureur impérial lui répondit en se plaçant naturellement à un niveau élevé de défense de la moralité publique : « Ce que nous poursuivons, dit-il sentencieusement, ce n'est pas le dessin ni la légende, c'est l'endroit où ils sont placés. Quelles choses pouvait voir l'œil placé au fond du vase ? Toute la question est là. Le tribunal appréciera. » Il se montra à la hauteur d'un vieux président de cour que l'écrivain Félicien Champsaur avait connu dans sa jeunesse [1] et qui, toujours, avant de se déboutonner pour uriner, avait soin de prendre une feuille de papier afin de ne pas souiller sa main en touchant le membre immonde : le premier jugement fut confirmé par la cour d'appel de Paris le 20 février 1856.

Cette tradition du pot de chambre historié remontait pourtant à une vieille coutume européenne qui persistera jusqu'à nos jours en Grande-Bretagne. A côté de la classique tête d'homme avec l'inscription « *Oh, what do I see !* », les effigies de personnalités politiques ont été souvent utilisées : en 1939, fut lancée une série avec le portrait d'Hitler. Notons que lorsque le prince-président fit son voyage à Bordeaux où il annonça le rétablissement de l'Empire, son vase de nuit fut acheté par un admirateur. Quand Gambetta revint à Cahors, sa ville natale, en 1880, ses partisans, après son départ, se cotisèrent pour acquérir le même objet...

Si les habitants des demeures bourgeoises ont été les premiers à jouir de W.-C. privatifs, ils ont mis du temps à s'habituer vraiment à leur usage, et ils préféraient l'ancien matériel puisqu'ils disposaient de personnel pour l'entretenir. Il n'en était pas de même dans les immeubles populaires où les lieux étaient communs et laissés à l'entretien des locataires. Voici, d'après le professeur J.-B. Fonssagrives, hygiéniste renommé, le spectacle qu'ils pouvaient offrir [2] : « Des bassins béants et sans couvercle, des sièges constamment souillés, un sol qui porte la trace d'une incurie quasi dégradante, des murs salpétrés et recouverts d'un essaim hideux de mouches stercoraires, des exhalaisons ammoniacales qui irritent la gorge et les yeux, une obscurité à peu près complète, une humidité persistante, des odeurs fétides qui se répandent par les vents mous et pluvieux dans toutes les parties de la maison. »

Un progrès remarquable est à noter dans une fondation philanthropique, la Cité Napoléon, 58, rue Rochechouart, ter-

1. Cité par Lionel D'AUTREC, in *L'Outrage aux mœurs*, 1923.
2. *La Maison*, étude d'hygiène, 1871.

minée au tout début du second Empire, et qui figure le premier exemple de logement social construit à Paris. Ici, le nombre d'usagers des lieux d'aisances a été volontairement restreint : « Les cabinets de garde-robe sont disposés par quatre aux deux extrémités de chaque étage. Chaque locataire a la clef d'un cabinet particulier desservant en commun quatre ou cinq logements. »

Charmantes cités françaises

En province, les réformes prescrites par la loi de 1850 sur l'interdiction des logements insalubres n'ont guère modifié la situation générale. Les médecins poursuivent leurs travaux de « topographie » et ils dépeignent toujours les mêmes aspects sordides déjà évoqués dans le chapitre précédent.

Lyon — 318 000 habitants au recensement de 1861 — a été minutieusement auscultée par deux médecins [3]. Malgré d'audacieuses percées, d'inspiration haussmannienne, la ville est aussi insalubre que du temps des observations de Monfalcon. En particulier, les premier et cinquième arrondissements, qui abritent 110 000 personnes appartenant, pour la plupart, à la classe ouvrière : « Rues étroites, sombres, malpropres, mal pavées, habitations noires, infectes, sans aération, privées de lumière, tristes et pauvres demeures où une population nombreuse d'ouvriers est obligée de travailler, du matin au soir, dans les conditions hygiéniques les plus défavorables. »

A Marseille — 260 910 habitants au recensement de 1861 — le Dr Maurin [4] fait état de l'entassement de la population ouvrière dans les vieux quartiers. Selon cet enquêteur, le logement d'une famille de prolétaires se compose au maximum d'une pièce et d'une cuisine. Il a vu, dans des garnis qu'il nomme « caboulots », d'incroyables entassements de lits : neuf

3. Drs M.-J. MARNY et F. QUESNOY, *Topographie et statistique médicales du département du Rhône et de la ville de Lyon*, 1866.
4. *Marseille au point de vue de l'hygiène et de la statistique médicale*, 1864.

dans une chambre large de deux mètres ; seize dans une soupente longue de douze mètres, large de cinq. L'année suivante, en 1865, le choléra frappait une nouvelle fois : il causa la mort de 1 854 personnes. Les quartiers pauvres avaient été les plus durement touchés, ainsi qu'en témoignaient deux médecins auteurs d'une étude sur l'épidémie [5] : « Les rues et les boulevards, dépendant souvent d'un propriétaire, présentaient des flaques d'eau stagnante ; point d'écoulement des eaux ménagères, dépôts abondants d'immondices ; dans quelques maisons, plusieurs ouvriers couchaient dans la même chambre, sur des grabats, tantôt manquant d'air, tantôt exposés à tous les vents. »

A Bordeaux — 130 927 habitants au recensement de 1851 —, à la suite de l'épidémie de choléra de 1854 qui fit 716 victimes, un médecin a dénoncé la responsabilité des taudis dans la diffusion du fléau [6] : « L'épidémie cholérique a d'abord éclaté et a semblé se complaire dans les quartiers dont les rues sont étroites, humides, mal aérées, dans ceux où une population malheureuse se trouve encombrée dans des logements insalubres et insuffisants. » Dans l'arrondissement le plus riche, le troisième, on a compté trois morts, tandis que, dans le huitième et le dixième, 125 et 200 étaient dénombrés.

Les taudis de Lille continuent, pendant le second Empire, à alimenter les enquêtes sociales. Avant le coup d'Etat, un médecin évoquait à nouveau les caves et les courées de la capitale du Nord [7]. Dix ans plus tard, un homme d'œuvres, Aimé Houzé de l'Aulnoit [8], reproduisait les mêmes descriptions en signalant en plus que, dans le quartier Saint-Sauveur, où croupissaient les prolétaires, 95 % des enfants mouraient avant l'âge

5. Drs J. LAUGIER et C. OLLIVE, *Etude sur le choléra de Marseille en 1865*, 1865.

6. Dr H. GINTRAC, *Relation de l'épidémie cholérique qui a régné dans l'arrondissement de Bordeaux pendant l'année 1854,* 1855.

7. Dr JOIRE, « Des logements du pauvre et de l'ouvrier considérés sous le rapport de l'hygiène publique et privée dans les villes industrielles », in *Annales d'hygiène publique*, janvier-avril 1851.

8. « Des logements ouvriers de Lille », in *Mémoires de la société impériale des sciences, de l'agriculture et des arts de Lille*, 1863.

de cinq ans contre 25 à 30 % rue Royale, dans le secteur bourgeois.

Grâce à la thèse exhaustive de Pierre Pierrard sur la vie ouvrière à Lille sous le second Empire [9], nous avons une idée des façons provinciales de se débarrasser des déjections alvines. Ici, la vidange des fosses était le privilège des « bernatiers » ou « berneux », petits artisans qui, avant huit heures du matin, parcouraient la ville en traînant une charrette sur laquelle trônaient des tonneaux de cuivre. Ils criaient « quatre sous pour un tonniau ! » et achetaient aux ménagères et aux servantes l'engrais humain qu'ils tiraient des fosses avec un seau. Le purin était revendu aux cultivateurs de Lille et de la banlieue qui le mêlaient à des tourteaux de colza pour confectionner l'engrais flamand, répandu sur les champs et les jardins. Certains maraîchers se ravitaillaient même directement en ville, leurs charrettes portaient les légumes par-devant, le tonneau à l'arrière.

Au sud de la France, paradis du soleil, tous les qualificatifs possibles d'insalubrité ont été employés par des observateurs qui ne ménagent pas leurs concitoyens. Le Dr John Lacaze, rapporteur des Conseils d'hygiène publique du Tarn-et-Garonne [10], dessine une sombre estampe de Montauban, siège de préfecture et ville natale de M. Ingres qui ne dut pas s'y promener souvent. Sur un total de soixante-dix rues, vingt-six, véritables cloaques, ne dépassent pas deux mètres de large. Les maisons sont surpeuplées — on compte souvent trois ou quatre lits par pièce —, il n'y a pas de latrines publiques.

Dans le site historique renfermant la prestigieuse abbaye de Moissac, uniquement un lacis de petites rues, passages, culs-de-sac encombrés de fumier et de décombres de toutes sortes. A chaque angle de rue, on bute sur des dépôts de matières fécales.

Seul Castelsarrasin paraît satisfaisant au Dr Lacaze sur le plan de l'hygiène et de l'urbanisme. Il remarque cependant que, dans les hameaux d'alentour, beaucoup de maisons n'ont

---

9. *La Vie ouvrière à Lille sous le second Empire, op. cit.*

10. *Rapport général sur les travaux des conseils d'hygiène publique et de salubrité du département du Tarn-et-Garonne*, juillet 1849 à décembre 1858, t. I.

qu'une pièce, obscure et humide par manque d'ouvertures suffisantes.

Si Bossuet était revenu à Condom, dont il fut évêque, aucun changement de décor ne l'aurait affecté, le docteur Lespieau s'en est porté garant [11]. Les pauvres s'asphyxient dans de vieilles maisons bordant des ruelles nauséabondes, inconnues du soleil. A Pamiers, spectacle plus horrible encore [12] : « La majorité des maisons étant dépourvues de latrines, les matières fécales sont délayées et répandues dans les ruisseaux. Le sang et les débris de porcs égorgés dans les maisons particulières, faute d'abattoirs, portent le mal à son comble, et viennent augmenter les causes d'infection. » Dans cette ville de 7 294 habitants, on chercherait en vain une seule fontaine publique.

Réforme de la voirie

Arrêtons ici ce « panorama » déprimant : il pourrait occuper plusieurs volumes dont toutes les vues se recouperaient. Sous le second Empire, comme dans la première moitié du siècle et au-delà, nul progrès ne se manifeste dans le rapport des populations avec leurs excréments : elles essaient d'en tirer maladroitement le meilleur parti dans une tradition millénaire à laquelle Victor Hugo lui-même apportera la caution de son verbe. Qui ne connaît le bouleversant chapitre des *Misérables* (1862) intitulé « L'intestin de Léviathan » ? L'épisode de la fuite dans les égouts est un sommet du livre, mais ce récit contient les réflexions du romancier sur la question du jour : « La science, écrit Hugo, après avoir longtemps tâtonné, sait aujourd'hui que le plus fécondant et le plus efficace des engrais, c'est l'engrais humain. »

Et le poète d'entonner le los des Asiatiques qui, depuis toujours, sont pénétrés de cette vérité première : le froment chinois rend jusqu'à cent vingt fois la semence. Par conséquent :

11. *De l'hygiène publique en général et de celle de Condom en particulier*, 1858.
12. Dr A. ALLAUX, *Considérations hygiéniques sur la ville de Pamiers*, 1866.

« Il n'est aucun guano comparable en fertilité au détritus d'une capitale. Une grande ville est le plus puissant des stercoraires. Employer la ville à fumer la plaine, ce serait une réussite certaine. Si notre or est fumier, en revanche, notre fumier est or. » Et on le jette à l'eau ! « C'est la substance même du peuple qu'emporte, ici goutte à goutte, là à flots, le misérable vomissement de nos égouts dans les fleuves et le gigantesque vomissement de nos fleuves dans l'océan. Chaque hoquet de nos cloaques nous coûte 1 000 francs. »

Hugo n'appréciait guère les travaux d'Haussmann, c'est le moins qu'on puisse dire [13] :

« Paris, tu l'as donc pris aussi, grâce aux bâtisses !
...
Alignement, tel est le mot d'ordre actuel.
Paris, percé par toi de part en part en duel,
Reçoit tout au travers du corps quinze ou vingt rues
Neuves, d'une caserne utilement accrues. »

L'auteur de *Notre-Dame de Paris* regrettait évidemment le décor médiéval de l'île de la Cité et ses « rues anarchiques courant en liberté ». S'il ressentait fortement le caractère fantastique des égouts à la manière de Parent-Duchâtelet qui était allé jusqu'à dresser une typologie de leurs odeurs : fade, ammoniacale, putride, savon en décomposition, urine de vache, etc., il n'avait sûrement aucune affinité avec les ingénieurs de la voirie parisienne qui entreprirent sa transformation, à partir de 1830, avec des vues rien moins que poétiques.

Avant le règne de Louis-Philippe, les rues de la capitale étaient coupées longitudinalement par un ruisseau placé au milieu de la chaussée : il ne recevait — en principe — que les eaux pluviales et les eaux ménagères des maisons riveraines. Comme il n'était jamais lavé, si ce n'est par la pluie, ce ru formait, pendant l'été, un cloaque infect d'eaux croupissantes qui ne provenaient pas toutes des cuisines, la police ne l'ignorait pas. L'une des roues des voitures, suivant presque toujours

13. Recueil posthume, *Les Années funestes* (1852-1870).

le fond du caniveau, en faisait jaillir une nappe de boue que les passants avaient grand-peine à éviter. En temps de pluie, ces conduits, plus ou moins gonflés, dirigeaient leurs eaux vers les points bas de la ville : ils se transformaient alors en véritables torrents qui occupaient toute la largeur de la chaussée.

Le renouvellement complet de ce système sera l'œuvre d'Alphonse Duleau et d'Henry Emmery, polytechniciens de la même promotion et directeurs successifs du service municipal des eaux et des égouts de Paris. Ils incarnent le souci de modernité qui saisit le corps des ingénieurs des Ponts et Chaussées et se traduit par la volonté de faciliter à tout prix la circulation. D'où la substitution de la chaussée bombée à celle fendue en son milieu et la création de trottoirs bordés de caniveaux recueillant les eaux. Plus de mares stagnantes, plus de dangers pour les voitures : dans les rues à l'ancienne, les chevaux tenaient mal sur les revers et les accidents étaient fréquents. Mais cette révolution : « pas de bonne circulation urbaine sans un sous-sol parfaitement connu et aménagé », en entraînera une autre. Puisque chaque rue va devoir être équipée de son égout, pourquoi ne pas en profiter pour y brancher les maisons qui la bordent et sont productrices d'eaux usées ?

Un égoutier nommé Belgrand

Cette pensée d'ingénieur animera Eugène Belgrand, le véritable créateur de l'égout parisien moderne : il s'emploiera à cette tâche grandiose pendant tout le second Empire — 140 kilomètres de canalisations en 1852, 560 en 1869 — et jusqu'à sa mort, en 1878.

Les facilités ouvertes par ce réseau de tunnels — plus dense dans les quartiers bourgeois que dans les arrondissements populaires — posent directement la question du tout-à-l'égout. Mais les partisans de l'engrais humain mettront longtemps à désarmer. Ils comptent des porte-parole dans tous les milieux, nous l'avons déjà remarqué. En 1857, un rédacteur du *Journal de chimie médicale* lance des chiffres impressionnants : « En rejetant à la Seine 332 000 mètres cubes d'eaux-vannes, c'est absolument comme si on lançait en pure perte 275 000 000 kg de fumier, c'est-à-dire 177 000 charretées de 1 500 kg. »

D'où la vogue des appareils séparateurs — ils retiennent les solides et laissent s'écouler les liquides à l'égout — qui sont exhibés aux Expositions universelles de 1855 et 1867. On y verra même un siège qui n'a pas remporté le succès qu'il méritait. Il s'agit du système « Marseillais », « fantaisie orientale pleine d'originalité », destiné à nettoyer le fondement après l'excrétion. Au moyen d'un cordon placé sur la paroi du cabinet d'aisances et que l'on tire à volonté, on déclenche un jet d'eau agissant sous une pression énergique et en sens oblique sur les parties en fonction.

Haussmann était acquis aux systèmes séparateurs qu'il fit installer à l'Hôtel de Ville et aux Halles. Dès 1852, un décret-loi avait entamé le processus du tout-à-l'égout : « Toute construction nouvelle dans une rue pourvue d'égouts devra être disposée de manière à y conduire ses eaux pluviales et ménagères. La même disposition sera prise pour toute maison ancienne en cas de graves réparations et en tout cas avant dix ans. » Cette procédure était spéciale à Paris. Toutefois, en vertu de l'article neuf du décret, des dispositions pouvaient être étendues aux villes qui en feraient la demande : en 1910, cent seize villes suivaient le régime de Paris. Il n'était cependant alors question que des eaux pluviales et ménagères. Une ordonnance de police du 29 novembre 1854 autorisa l'écoulement à l'égout des matières de vidange. « En 1858, raconte Haussmann dans ses *Mémoires* [14], les propriétaires de 1 324 maisons s'étaient mis en règle au moyen de la construction de galeries de 2,30 m de hauteur sur 1,30 m de largeur, partant du pied de façade de leurs bâtiments. »

Le système des égouts étendu à toutes les rues de la capitale fascinait Haussmann autant que Parent-Duchâtelet. Il y voyait le véritable secret pour faire de Paris une synthèse de Rome et de Londres — ville chère à Napoléon III — et il a parlé de cette

14. 3 vol., 1890-1893.

réalisation avec des accents d'utopiste [15] : « Les galeries souterraines, organes de la grande cité, fonctionneraient comme ceux du corps humain, sans se montrer au jour ; l'eau pure et fraîche, la lumière et la chaleur y circuleraient comme les fluides divers dont le mouvement et l'entretien servent à la vie. Les sécrétions s'y exécuteraient mystérieusement et maintiendraient la santé publique sans troubler la bonne ordonnance de la ville et sans gâter sa beauté extérieure. »

Les chevaliers de la brune

En attendant cet âge d'or, il faut continuer à vidanger un volume de matières qui croît sans cesse :

	Cube annuel des vidanges (en m³)	*Population parisienne*
1784	18 615	600 000
1815	45 000	713 966
1835	202 800	909 126
1851	266 356	1 053 262

En 1850, on compte sept entreprises à Paris, elles occupent 300 ouvriers, pour la plupart originaires du centre de la France. Ils ne travaillent que la nuit, de onze heures du soir à six heures du matin en été, de dix heures à sept heures en hiver, moyennant un salaire pouvant atteindre jusqu'à six francs — un sommet, sous le second Empire — pour un contremaître, les compagnons touchant de quatre à cinq francs. Napoléon III aime les monopoles industriels et commerciaux : en 1852, la Compagnie Richer, la plus puissante des entreprises parisiennes de vidange, rachète toutes les autres.

15. *Mémoire sur les eaux de Paris*, 1854.

Un « poète » a été inspiré par le travail des vidangeurs qu'il a chanté sous la forme la plus décente, exigée par l'époque [16] :

« Dans les flancs d'une fosse énorme
Va ce que nous recueillons là.
Rien ne périt, tout se transforme :
Nul mieux que nous ne sait cela.
Demain, ces détritus immondes
Se changeront en raisin mûr,
En fleurs, en fruits, en moissons blondes
D'orge, de blé, de froment pur. »

La beauté de ce cycle éternel n'échappe à personne, mais l'opération première était bien difficile à supporter ; Francisque Sarcey l'a racontée avec humour [17] : « Combien de fois ne vous est-il pas arrivé, la nuit, quand vous dormiez du sommeil du juste, de vous sentir éveillé par le tic-tac monotone d'une sorte de marteau frappant à coups réguliers et sourds ? Vous ouvrez des yeux effarés. Qu'est-ce que c'est ? Qu'est-ce qu'il y a ? Respirez un instant, mon ami. L'air qui vous enveloppe est tout chargé d'émanations immondes dont rien ne peut vous défendre. Elles filtrent par les jointures des portes et les interstices des fenêtres ; vous êtes baigné, comme toute la maison, dans une puanteur fade et nauséabonde. Vous en avez jusqu'au matin. Ce sont les chevaliers de la nuit qui opèrent chez vous, à moins que ce ne soit à côté ou même au bout de la rue. Leurs tonneaux sont là, sous vos croisées, rangés en bel ordre et qui attendent. Et quand ils seront pleins, de forts chevaux les emporteront à travers le quartier, laissant derrière eux un long sillage d'abominables odeurs. Et c'est à Paris, dans la capitale du monde, que les choses se passent ainsi ! Et nous le souffrons sans mot dire ! Il y a plus : nous n'y prenons pas garde ! C'est l'habitude et ce mot répond à tout. »

Sarcey se prononce donc contre la fosse fixe. Mais la fosse

16. Frère JEAN (E. VAUGHAN), *Du neuf et du vieux*, contes et mélanges, étrennes aux délicats, 1866.
17. *Le Siècle*, 1882.

mobile, c'est encore pire ! « Les honorables gentlemen qui sont chargés d'enlever les tonneaux ne choisissent pas mes heures ; ils arrivent quand ils peuvent, au hasard des étapes à parcourir et de la besogne à faire. Je suis en train de déjeuner, j'ai des amis à table, une odeur étrange envahit la salle à manger... » « Mon oncle », comme le surnommait Alphonse Allais, ne sait plus que penser de la question : « Voulez-vous un conseil, vous qui faites bâtir ce qu'on appelle à Paris un petit hôtel ? Biffez du projet de votre architecte la fosse mobile. Biffez aussi la fosse fixe. Oui, mais qu'est-ce qu'il restera ? » Disparu en 1899, Sarcey vivra assez longtemps pour applaudir au « tout-à-l'égout ». A l'heure où il écrit, homme de lettres sans grandes relations avec le milieu des ingénieurs, il ignore que des techniciens avertis étudient sérieusement la question depuis plus d'une décennie.

Comme au bon vieux temps, après l'enlèvement des matières à la pompe, on les charrie au nouveau dépôt municipal — Montfaucon a été définitivement fermé —, route d'Allemagne, à côté du marché aux bestiaux de La Villette, commune qui aurait bien voulu refuser ce cadeau. De là, une conduite de dix kilomètres les amenait dans les huit bassins — un hectare de superficie chacun, contenance totale de 160 000 mètres cubes — creusés en forêt de Bondy. Venaient alors rejoindre ce produit des fosses fixes les tonneaux des fosses mobiles, enlevés tous les vingt-deux jours et placés sur des bateaux qui, grâce au canal de l'Ourcq, les conduisaient à leur dernière destination. Après décantation et séchage, l'ensemble était transformé en poudrette [18], engrais que d'aucuns persistaient à parer d'incomparables vertus fécondatrices. A l'instar de La Villette, la commune de Bondy se désolait d'être considérée comme une gigantesque voirie : en 1890, elle obtiendra que son nom ne soit plus associé à ce réceptacle et on parlera désormais officiellement de « voirie de l'Est ».

Le caractère archaïque de tous ces transbordements frappait

18. Alfred DURAND-CLAYE, *L'Assainissement municipal de la ville de Paris, droits, devoirs et réformes*, 1871.

des ingénieurs des Ponts et Chaussées — tels Pierre Mille et Alfred Durand-Claye — qui prétendirent très tôt qu'on pourrait opérer différemment et avec autant de profit pour l'agriculture. Les eaux d'égouts, grâce en particulier au grand collecteur de Clichy — 4 877 m de long depuis la place de la Concorde jusqu'à Asnières, 4,40 m de haut, 5,60 m de large — sont maintenant rejetées au-delà de la capitale, mais le problème n'est que déplacé, on s'en apercevra rapidement. Or les eaux-vannes ont un pouvoir d'engrais, on le sait depuis le Moyen Age durant lequel l'épandage fut une technique très employée, principalement par les Maures d'Espagne [19].

En 1869, grâce à un crédit de la Ville de Paris, un terrain de six hectares est choisi dans la plaine de Gennevilliers pour tenter une expérience. Le maigre gazon d'un terrain militaire est converti en un riche herbage. Les fourrages obtenus grâce à l'engrais procuré par les eaux-vannes ne participent en rien de la saveur ou de l'odeur de la fumure. Le lait et le beurre d'une vache nourrie à Gennevilliers ont été analysés par le laboratoire de l'école des Ponts et Chaussées et reconnus sans défaut. L'artichaut de Laon, le chou cœur-de-bœuf, le pissenlit de Montmagny comme le pois Michaux donnent ici des rendements doubles, triples, même quintuples !

Dès les débuts de cette tentative originale, les principales sociétés françaises regroupant les autorités du monde agricole, la Société des agriculteurs de France et la Société centrale d'horticulture de France, s'étaient déterminées en faveur de l'utilisation culturale des eaux d'égout. Il faudra encore vingt ans d'hésitations — moins que pour le métro dont le projet, prêt sous l'Empire, mettra un demi-siècle à se réaliser... — pour aboutir enfin à un texte de loi réglant définitivement le problème parisien.

---

19. Pierre MILLE, *Application des vidanges à la culture*, 1857.

A chaque rue son édicule

La volonté de rendre la voie publique et ses annexes agréables aux usagers a été constante sous le second Empire. Dans cet esprit, la question des urinoirs ne pouvait être mise entre parenthèses. Pour la première fois en France, les circulaires de 1854 et de 1865 ont obligé les débits de boissons à se doter d'un urinoir intérieur ou extérieur. Dans le cas où c'était impossible, la décision d'ouverture appartenait à l'appréciation des commissaires de police, personnages de plus en plus puissants dans leurs quartiers...

Les tourelles de Rambuteau sont conservées, l'architecte Gabriel Davioud les complétera en s'efforçant d'éviter la multiplication du mobilier urbain — ce sera la préoccupation des édiles parisiens à la fin du XIXe siècle — par la concentration des fonctions. Tel urinoir est soutenu par des candélabres, tel autre devient le support de panneaux publicitaires [20]. Ce dernier modèle, accepté par l'administration, apparaîtra sur le boulevard Sébastopol en 1859. Par un louable souci de « décence », l'entrée de cet édicule à une place était masquée, du côté de la chaussée, par une barrière semi-circulaire consistant en une large bande de tôle.

Malgré cette précaution, totalement absente des premiers « Rambuteau », les défenseurs de la pudeur féminine s'émeuvent aussitôt. En 1860, M. de Caumont, ancien gérant de la Compagnie d'affichage, déclare sérieusement : « Les affiches apposées sur les colonnes-urinoirs ne peuvent être consultées par une femme, même au bras de son mari. » De même, plus tard, certains abonnés de l'Opéra écriront-ils à Garnier pour se plaindre de ce qu'il leur était désormais impossible de se rendre à leur spectacle favori, puisqu'il fallait passer devant *La Danse* de Carpeaux, groupe sculpté d'un érotisme révoltant. M. de Caumont propose des colonnes spéciales, sans autre usage : la maison Morris, qui avait le privilège de l'impression des

---

20. Gabriel DAVIOUD, architecte, *Catalogue de l'exposition organisée par la délégation à l'action artistique de la Ville de Paris*, 1981-1982.

affiches de tous les théâtres de Paris, soumettra un modèle qui sera agréé, en 1868. Désormais, les dames pourront tourner autour, sans aucune équivoque.

La lecture des *Promenades de Paris*, le monumental ouvrage d'Alphand [21], est assez décevante pour notre sujet. Le créateur des parcs et des squares mis en place sous le second Empire expose minutieusement tous leurs aspects, y compris les travaux d'architecture, pavillons des gardes, abris pour cavaliers, etc. Il ne dit pas un mot de l'hygiène, sauf une ligne concernant le Pré-Catelan : « Les cabinets d'aisances sont placés sous bois dans un petit bâtiment décoré extérieurement avec des bois découpés. » Dans le volume de planches accompagnant le texte — les végétaux y sont chromolithographiés —, on remarque tout de même une série d'urinoirs fournissant plusieurs modèles qui s'éloignent du type primitif, car ils offrent maintenant plusieurs places. Ainsi, dans un bosquet des Champs-Elysées, huit stalles sur deux rangées avec un réverbère à chaque extrémité ; place du Palais-Royal, une rotonde hexagonale ; sur les boulevards, deux loges affrontées.

La fréquentation de ces lieux, les rapports de police l'attestent, peut devenir dangereuse à la tombée de la nuit : les jeunes prostitués y racolent et les pickpockets les fréquentent. Il n'est pas recommandé non plus d'engager la conversation et de faire un bout de promenade, le soir, dans certains coins de la capitale, avec un jeune homme qui soudain s'arrête en prétextant un besoin pressant. Aussitôt, de faux agents surviennent et la tentative de chantage réussit la plupart du temps : à cette époque, la « respectabilité » n'a pas de prix [22].

Les cabinets des Halles, pour leur part, sont l'un des hauts lieux de la prostitution masculine sous le second Empire [23].

---

21. 1868, un volume de texte, un volume de planches. L'édition originale de ce livre, conservé à la Réserve de la Bibliothèque nationale, est une réussite de l'imprimerie française dont le prix devait être très élevé. Chaque volume mesure 60 cm sur 45 cm et pèse au moins 10 kg.

22. *Mémoires* de CANLER, ancien chef de la Sûreté, Paris, Mercure de France, 1968, 548 p.

23. Pierre HAHN, *Nos ancêtres les pervers. La vie des homosexuels sous le second Empire*, Paris, Olivier Orban, 1979, 335 p.

Dès neuf heures du soir, une foule d'hommes s'y précipite malgré les arrestations quotidiennes pour attentats à la pudeur. Ces lieux d'aisances sont des boxes séparés par des cloisons en brique percées de part en part malgré les travaux fréquents de l'administration qui finira par employer un blindage en fonte : quinze jours plus tard, il était taraudé. La cohue des « antiphysiques » se presse ici toute la nuit, bien que se heurtant à l'hostilité des forts des Halles : à minuit, à l'heure de leur prise de service, ils donnent la chasse aux homosexuels et les battent.

Devant de tels désordres, on peut se réjouir que de vrais gentlemen comme l'étaient certainement MM. Boisgontier et Baron aient pensé, dès 1859, à prendre en charge les besoins du sexe faible, délibérément ignorés par Rambuteau et ses successeurs, bourgeois d'une pruderie pathologique. Ils proposèrent donc des pavillons d'une facture originale. Une structure vitrée à utiliser pour l'affichage était séparée par un intervalle de 0,15 cm d'une boiserie abritant deux loges. Pour permettre à l'air de circuler, la toiture était séparée du corps de l'édicule. Un petit hall permettait à trois personnes de séjourner à l'intérieur sans être exposées à attendre sur la voie publique que les deux cabinets soient libres.

Les dames oseraient-elles aborder nos pavillons, questionnaient leurs inventeurs ? La réponse était positive si l'on considérait les accidents pouvant résulter du manque de moyens actuels donnant parfois naissance à de graves maladies. D'ailleurs, nos compagnes se plaignaient chaque jour d'avoir été oubliées par l'administration et elles accueilleraient cette innovation avec le plus grand soulagement. Ce projet hardi n'eut aucune suite. Il était encore trop tôt pour considérer les femmes « honnêtes » autrement que comme d'angéliques créatures, sans désirs et constipées.

6

La discipline du siège

Hygiénistes et logements insalubres à Paris

Avec le dernier quart du XIXe siècle, on voit grandir l'influence des hygiénistes qui se regroupent dans des associations très actives. La Société française d'hygiène est fondée à Paris, le 7 mai 1877. Peu après, le 27 juin, la rejoint la Société de médecine publique et d'hygiène professionnelle de Paris. Le 5 mars 1881, ce sera la Société d'hygiène publique de Bordeaux qui s'annonce, puis celle du Havre [1]. Ces réunions de médecins et d'ingénieurs spécialisés dans les questions sanitaires lancent plusieurs publications périodiques : elles vont engager le combat de l'hygiène urbaine dans tous ses aspects et particulièrement celui contre les logements insalubres [2].

La lecture des rapports de la Commission d'hygiène de la Seine et des communes de Saint-Cloud, Sèvres et Meudon [3] reflète à ce sujet une vision de la capitale dont on s'étonne que les romanciers naturalistes n'aient tiré aucun parti. En 1882, 30 000 maisons — sur 71 873 comprenant environ 600 000 logements — sont encore dépourvues d'eau courante. La

1. Sur ce sujet, voir H. Napias et A.J. Martin, *L'Etude et les Progrès de l'hygiène en France, de 1878 à 1882*, 1882.
2. *Journal d'hygiène*, 1875 ; *Bulletin de la société de médecine publique et d'hygiène professionnelle de Paris*, 1877 ; *Revue d'hygiène et de police sanitaire*, 1879.
3. Un volume par an, à consulter dans les usuels de la bibliothèque administrative à l'hôtel de ville de Paris.

corvée de ce liquide indispensable, voici comme elle s'effectue, dans les habitations populaires, d'après une communication du Dr H. Napias devant ses collègues de la Société de médecine publique, le 22 mars 1882 : « Il n'y a dans l'immeuble qu'un puits, au fond d'une cour ; ou, dans les cas les plus favorables, une conduite d'eau de la ville qui n'est laissée à la disposition des locataires qu'un petit nombre d'heures par jour. L'ouvrier qui rentre de son travail, le soir, tandis que sa femme allume le feu, prend un seau et descend ses cinq ou six étages, traverse la cour et attend son tour de haler la corde du puits, ou de tendre son seau au robinet ; puis il remonte péniblement, les pieds lourds de sa fatigue du jour, et, rentré dans sa chambre, il ne songe plus à en sortir ; il faut que ce seau d'eau serve à tous les usages ; à la soupe, à la boisson de la famille ; tant mieux s'il en reste assez le lendemain pour débarbouiller les enfants. »

Ceux-ci n'ont d'ailleurs que peu de chances d'accéder à l'âge d'homme, car les maladies infantiles font d'effroyables ravages dans les quartiers pauvres. Toujours au cours de cette même année 1882, il y a eu, dans le XIIe arrondissement, 137 décès causés par la diphtérie et 79 par la rougeole. Dans le XIXe, un tableau très complet dressé par un membre de la Commission d'hygiène donne les chiffres suivants :

Diarrhée cholériforme : 406.	Rougeole : 87.
Diphtérie :153.	Coqueluche : 17.
Convulsions : 127.	Scarlatine : 16.
Débilité congénitale : 97.	

Les morts des quartiers du Sud et de l'Est parisien sont vraiment des misérables, la statistique des Pompes funèbres le prouve. En 1879, dans le XIIIe, il y a eu 10 convois riches, 130 aisés, 426 pauvres, 1 914 indigents ; dans le XXe, 19 riches, 211 aisés, 592 pauvres, 2 905 indigents, pourcentage le plus élevé de la capitale. Précisons que le taux de l'enterrement de dernière classe — on en comptait alors neuf — ne s'élevait qu'à 18,75 F. Mais il fallait souvent au moins cinq jours de travail pour toucher un louis de 20 F.

On ne les dépensait pas pour enterrer les fœtus, jetés directement dans les fosses, les égouts, les vespasiennes, plus tard les couloirs du métro. Une circulaire du préfet de la Seine, en date du 26 janvier 1882, rappellera que les embryons de six semaines à quatre mois devaient aussi être inhumés suivant la procédure normale : les médecins de l'état civil avaient remarqué que, dans les familles pauvres, on s'en débarrassait très vite de toutes les manières possibles.

La plaie des maisons ouvrières demeure toujours le mauvais état des cabinets d'aisances qui dégagent des odeurs infectes, perceptibles avant même que le seuil des immeubles soit franchi. Leur nombre est d'ailleurs généralement insuffisant par rapport à celui des locataires et le XIIIe arrondissement bat tous les records sur ce point. Citons quelques chiffres pris au hasard des rapports de la Commission de salubrité :

22, rue des Tanneries, un cabinet pour 70 locataires.

135, boulevard d'Italie, un pour 40.

41, rue Esquirol, 2 pour 60.

Pour cet arrondissement, nous possédons un témoignage direct du début du XXe siècle, et il recoupe exactement les constatations des enquêteurs. C'est celui d'un ouvrier né en 1900. Il habitait rue Ch.-Bertheau et son autobiographie [4], chose rare, descend jusqu'aux détails les plus « vulgaires ». Dans son immeuble, les soixante habitants disposent d'un seul cabinet, au fond du corridor d'entrée : « La porte à peine entrouverte, l'odeur s'engouffrait dans les logements se mêlant aux relents de cuisine, aux remugles de lessive chaude, de charbon gras et d'urine empestant ces réduits où s'entassaient des familles faméliques qui proliféraient d'abondance. »

Le propriétaire, souvent présent, apporte une vigilance tatillonne à la bonne tenue des lieux : soucieux de limiter les frais de vidange, il recommande aux locataires de ne déverser que du solide à la fosse. Pour le liquide, il faut vider les seaux dans le caniveau. Dirons-nous qu'il allait presque de soi que cette maison ouvrière fût privée d'eau courante ? Ses habitants

---

4. René MICHAUD, *J'avais vingt ans, un jeune ouvrier au début du siècle*, Paris, Syros, 1983, 295 p.

devaient en effet aller la chercher jusqu'à la fontaine publique de l'avenue de Choisy, à deux cents mètres de leur domicile.

A propos de l'attitude de ce propriétaire vis-à-vis de « sa » fosse, un observateur des plus autorisés avait déjà signalé, trente ans auparavant, combien un tel comportement était répandu. Belgrand écrivait en effet, en 1875 [5] : « La vidange des fosses coûtant huit francs en moyenne par mètre cube de matière, pour que cette vidange se renouvelle aussi rarement que possible, le propriétaire prend les mesures les plus rigoureuses et les plus arbitraires, et, par exemple, interdit l'emploi de l'eau dans les cabinets d'aisances. Le plus souvent même, il refuse obstinément à ses locataires le bienfait d'une distribution d'eau, non parce que cela coûte cher, mais pour ne pas augmenter la facilité du lavage des cabinets, et par conséquent pour retarder autant que possible le remplissage de la fosse. Dans la plupart des maisons d'ouvriers de Paris, le cube annuel de la vidange ne dépasse pas trois cents litres par habitant ; c'est, à très peu près, le volume normal de la production de matières fécales et d'urine sans aucune addition d'eau. »

Les caniveaux du XIIIe arrondissement ne servent pas seulement à évacuer l'urine humaine, ils ont aussi le privilège de recueillir celle des 485 vaches élevées — en 1885 — dans les trente-cinq vacheries de ce quartier champêtre. Quelle aubaine pour les enfants ! Mais la falsification du lait est une pratique courante à cette époque où il n'existe aucun service chargé de la réprimer. Sur les quarante et un échantillons prélevés ici en décembre 1885, dix seulement sont bons, les autres se révèlent mouillés jusqu'à 23 %.

Observons que le beau XVIe lui-même, le plus riche et le plus chic arrondissement de Paris après le VIIIe, n'est pas non plus exempt de pollution animale : le fumier des écuries de la Compagnie générale des omnibus l'empuante gravement. Obligés de l'enlever deux fois par semaine, les palefreniers de la C.G.O. le laissent s'accumuler pendant plusieurs mois et ils choisissent celui de juin pour pratiquer l'opération.

5. *Transformation de la vidange, op. cit.*

A Paris, le logement garni était souvent la seule solution offerte à la famille ouvrière : le 1er juillet 1876, 9 050 logeurs abritaient 142 671 locataires. La Commission des logements insalubres s'occupait également de ces habitations et elle a observé qu'à cette date la surveillance sanitaire des garnis n'existait pratiquement plus. Voici ce qu'écrit le Dr O. Du Mesnil[6] : « Partout, on a constaté qu'un grand nombre des immeubles dans lesquels sont installés des garnis sont dans l'état le plus déplorable au point de vue de la salubrité ; l'humidité y est constante, l'aération et l'éclairage insuffisants, la malpropreté sordide, les logements sont souvent incomplètement protégés contre les intempéries des saisons ; les cours et courettes sont infectées par des amoncellements de détritus de toute nature en putréfaction, la stagnation des eaux pluviales et ménagères qui y croupissent et s'y putréfient ; les privés, quand il en existe, sont en nombre insuffisant ; leur malpropreté est révoltante. »

Avec l'accroissement de la population parisienne, la situation s'aggrave encore. Dans la séance de l'Académie de médecine du 14 novembre 1882, le Dr Rochard dresse le nouvel acte d'accusation des garnis[7]. En six ans, le nombre des logeurs est passé de 9 050 à 11 535 et celui des locataires de 142 671 à 243 564. Comme rien n'a été construit, sinon des appentis dans des cours déjà trop étroites, les locaux existants ont été bondés : « La fièvre typhoïde a suivi dans sa progression constante l'accroissement de la population entassée dans les quartiers excentriques. »

En descendant la spirale de la misère, on rencontre les squatters des terrains vagues, encore nombreux à Paris et en banlieue. Le Dr Ollivier a visité ce Far West[8] : « Les terrains vagues, non construits, dans lesquels les rues sont à peine tracées et que

6. « Les garnis insalubres de la ville de Paris », in *Annales d'hygiène publique et de médecine légale*, janvier-juin 1878.

7. *Rapport général sur les travaux de la Commission des logements insalubres pendant les années 1877 à 1883*, 1884.

8. *Rapport général sur les travaux du Conseil d'hygiène publique et de salubrité du département de la Seine depuis 1887 jusqu'à 1889 inclusivement*, 1894.

les propriétaires, attendant une plus-value, ne veulent pas vendre, ne valent guère mieux que les espaces archaïques et encombrés. Pour beaucoup, on ne prévoit pas à quel moment des maisons conformes aux règles de l'hygiène pourront être bâties. En attendant, le sol se couvre de constructions parasites, de colonies de pauvres gens refoulés à la périphérie par les démolitions et l'augmentation du prix des loyers ; cette prise de possession se fait à la hâte, dans des conditions déplorables ; des masures surgissent de terre et leur hygiène se rapproche de celle des campements des Indiens ou des douars arabes. Des ruelles sans trottoirs, transformées en cloaques boueux impraticables à la première pluie ; des constructions légères et insalubres, voilà ce qu'on trouve partout. »

Dans un tel milieu, les épidémies se répandent facilement. En 1873, la fièvre typhoïde fera 869 victimes à Paris [9]. Neuf ans plus tard, ce nombre s'élèvera jusqu'à 3 352 [10]. L'épidémie de choléra ayant sévi à Paris en 1884 causera 986 décès [11]. L'auteur du rapport à ce sujet constate que la maladie n'a jamais frappé les maisons bien construites, proprement tenues et bien habitées. « Nous avons passé en revue, écrit-il, tous les endroits où l'épidémie s'est montrée grave, nous n'en avons pas noté un seul où les règles élémentaires de l'hygiène fussent observées. » La dernière épidémie cholérique du siècle, celle de 1892, emportera encore 1 797 personnes dans la Seine, dont 906 à Paris [12]. Les arrondissements les plus touchés ont été le XIe, 104 décès ; le XVIIIe, 116 ; le XIXe, 106.

Etudiant les causes de cette épidémie, les hygiénistes dénoncent l'incurie et la négligence avec lesquelles les compagnies fermières des eaux distribuent, en le faisant payer fort cher, un liquide absolument impropre aux usages domestiques. Déjà, dans sa communication du 7 octobre 1884 à l'Académie de

---

9. Dr Woillez, *Rapport général sur les épidémies pendant l'année 1873*, fait au nom de la commission permanente des épidémies de l'Académie de médecine, 1876.

10. Dr Bucquoy, *Rapport général sur les épidémies pendant l'année 1882*, 1884.

11. Préfecture de la Seine. Service de la Statistique municipale, *Tableaux statistiques de l'épidémie cholérique de 1884 à Paris*, 1886.

12. Conseil d'hygiène publique et de salubrité du département de la seine, *L'Epidémie cholérique de 1892 dans le département de la Seine*.

médecine, le Dr Daremberg avait demandé s'il était permis, « à la fin du XIXe siècle, d'aromatiser avec des matières fécales l'eau que l'on donne à boire et de nous faire résorber nos excréments sous forme de boissons ».

Les disciples de Le Play accusent

Alors que les documents concernant Paris surabondent, nous ne sommes pas très bien renseignés sur les logements insalubres des villes de province dans les dernières décennies du XIXe siècle. La « topographie médicale » n'est plus à la mode et il faut se rabattre sur les contributions des militants sociaux. En 1887, *La Réforme sociale*, la revue de Frédéric Le Play, ingénieur polytechnicien qui a joué un rôle promoteur dans l'étude des conditions de vie des classes populaires, lance une enquête sur les petits logements en France et à l'étranger. Peu de réponses parviendront malheureusement à la rédaction. Nous en avons retenu deux, les plus complètes, en y joignant un travail publié à part.

G. Heurtaux-Varsaveaux commence, dans la livraison du 16 juillet 1887 de *La Réforme sociale*, une « Description de l'habitation et de l'état moral des ouvriers nantais ». La situation est exactement la même qu'au temps du Dr Guépin, plus d'un demi-siècle auparavant. Nantes compte alors 128 000 habitants dont 44 047 ouvriers des deux sexes et leurs familles. Ils sont presque tous logés en immeubles collectifs : l'enquêteur a dénombré à peine quatre-vingts maisons isolées, avec jardin, dans la banlieue. Les « casernes » appartiennent à deux types : quelques-unes, regroupant de douze à quinze familles, sont le seul bien de petits rentiers ; elles ne remplissent aucune condition d'hygiène. Les plus nombreuses ont été construites par des spéculateurs et comprennent parfois plus de cent locations. Les éviers et les lieux d'aisances y sont communs, les portes et les fenêtres s'ouvrent les unes devant les autres.

Dans sa conclusion, l'enquêteur nantais rejoint toutes les

constatations faites par tous les observateurs dans la France entière depuis le début du siècle :

1. Les logements de deux pièces sont l'exception.
2. Quelques maisons ont un puits ou une pompe dans la cour. La plupart du temps, il faut utiliser les bornes-fontaines dont certaines peuvent être situées à trois cents mètres. Les éviers sont toujours dans les couloirs.
3. Les W.-C. dégagent toujours une odeur infecte car les fosses sont rarement curées. Leur insuffisance est notoire, certains sont utilisés par au moins quarante familles.

Le logement ouvrier à Nancy a été décrit dans *La Réforme sociale* en 1889, par M. Chassignet. Au recensement de mai 1886, l'ancienne capitale des ducs de Lorraine était habitée par 79 071 individus dont 27 291 formaient la clientèle des petits logements. Là aussi, ils sont composés de deux pièces au maximum : dans chacune couchent, en moyenne, près de trois personnes. L'alimentation en eau est presque exclusivement assurée par des bornes-fontaines publiques ; les latrines sont au fond des cours ; l'enquêteur a découvert huit cabinets servant à cent dix ménages.

A Lille, où la Société de Saint-Vincent-de-Paul a déjà une longue tradition d'assistance, un confrère a visité 1 358 logements où vivent 7 608 personnes secourues par l'association [13]. Parmi ses observations, qui en recoupent beaucoup d'autres, détachons celles-ci : absence d'eau, latrines toujours dans la cour.

Tous les hygiénistes n'adhéraient pas aux thèses de Le Play sur la réforme de la société française par l'abandon des principes de 1789 mais, comme les partisans du nouveau théoricien de la contre-révolution, ils plaçaient très haut l'intérêt supérieur de la santé publique. Ce souci les verra s'opposer aux intérêts non moins supérieurs de la propriété. Les défenseurs de celle-ci, à cette époque absolument persuadés de leur bon droit, devront désormais compter avec eux autant qu'avec les socialistes du Parti ouvrier français de Guesde et de Lafargue, ce

13. FÉRON-VRAU, *Des habitations ouvrières à Lille en 1896*, 1899.

dernier étant d'ailleurs docteur en médecine. Au sujet de l'introduction de l'eau dans toutes les habitations, les membres qualifiés des diverses commissions officielles et des sociétés d'hygiène prendront des positions sans équivoque : elles finiront par inspirer des textes législatifs.

Le 27 mars 1882, la Commission des logements insalubres de Paris présentait au préfet de la Seine — pour être soumis au ministre du Commerce — un projet de révision de la loi de 1850. C'est un témoignage de plus sur l'attitude des classes dirigeantes — à un très haut niveau — concernant la « valeur » de l'hygiène à la fin du XIXe siècle. De leurs rapports avec les différentes instances judiciaires, municipales ou administratives, les membres de la Commission de Paris ont en effet tiré les conclusions suivantes :

1. « Les tribunaux administratifs et judiciaires ne reconnaissant pas à l'assainissement des habitations un but d'intérêt général, ils croient de leur devoir de soutenir les propriétaires contre des mesures prétendues vexatoires, et sacrifient la salubrité publique à l'intérêt privé. »

2. « Inertie des conseils municipaux : on est naturellement enclin à regarder comme bon le milieu dans lequel on a vécu et on ne veut pas mécontenter les propriétaires. »

3. « Les conseils de préfecture comprennent aussi peu que les conseils municipaux l'utilité de la plupart des mesures d'assainissement. Ils refusent, soutenus par le Conseil d'Etat, de reconnaître aux commissions des logements insalubres la qualité d'expert en ces matières. (Ils annulent les prescriptions les mieux motivées.) Le plus grave de tous les échecs essuyés par la Commission est le refus, par le conseil de préfecture de la Seine et le Conseil d'Etat, de considérer l'eau comme un des éléments indispensables à l'entretien de la salubrité dans les habitations. La Commission demande que l'eau soit expressément désignée comme un des agents dont on devra prescrire l'emploi par mesure d'assainissement. »

Les membres de la Commission s'accordaient dans l'énoncé du principe suivant : « La police sanitaire ne doit avoir ni privilégiés ni déshérités, elle doit assurer à chacun, dans la mesure des forces humaines, la sécurité. » Pour préserver celle-ci dans le domaine de l'hygiène, il fallait même aller jusqu'à prévoir des peines de prison à l'égard des propriétaires récalcitrants : « L'expérience a démontré, écrivait le rapporteur de la Commission, qu'en matière de salubrité, les peines personnelles sont seules efficaces, le bénéfice qui résulte de la violation des lois et règlements de police sanitaire indemnisant largement des peines pécuniaires. » Que de telles critiques puissent avoir été émises par des « bourgeois » peu suspects de contamination socialiste ne laissera sans doute pas d'étonner ceux qui ont l'habitude d'utiliser des critères de « classe » pour analyser n'importe quelle situation sociale. Toutefois, vingt années de débats seront encore nécessaires avant que la première grande loi française touchant l'ensemble de la santé publique soit enfin votée, en 1902.

Le siège ciré de l'école Monge

Les hygiénistes, hommes de terrain, ne se contentent pas, dans leurs réunions, de spéculations scientifiques, ils s'affrontent directement au concret. Dans leur entreprise pour rénover de fond en comble les cabinets d'aisances, ils s'engageront dans la réforme du siège, élément fondamental à transformer. Pour ces bourgeois rationnels et volontaristes, une discipline de la défécation doit s'instaurer. C'est tout le sens de l'importante discussion qui eut lieu, dans le cadre de la Société de médecine publique et d'hygiène professionnelle, en juillet 1878. E.-R. Perrin, l'un de ses membres, fit une communication sur les latrines scolaires qui posa d'emblée le problème [14] : « Il n'y aura d'amélioration possible à espérer, dit-il, qu'en obligeant les enfants à contracter, à l'école, des habitudes de propreté dont ils feront plus tard leur profit, en les observant partout ailleurs, et en les reportant dans les maisons que, devenus

14. *Annales d'hygiène publique et de médecine légale*, 1878.

grands, ils seront un jour appelés à habiter pour leur propre compte. »

Le milieu scolaire devra donc constituer un exemple, et nous n'en sommes pas là, de nombreux médecins s'en plaignent depuis le début du siècle. Dans le rapport présenté par la Commission des logements insalubres au préfet de la Seine, en 1864, sur l'état des établissements scolaires, libres et communaux, de la capitale, sur 1 403 écoles visitées, 855, soit 62 %, laissaient à désirer sous le rapport de l'installation et de la bonne tenue des lieux d'aisances. Dans certains externats privés, il n'y avait pas de cabinets du tout. Dans d'autres, un seau hygiénique en tenait lieu. On pouvait encore en découvrir qui étaient communs avec les locataires de la maison abritant l'école.

Perrin avait mené une enquête à l'étranger. Dans presque toutes les nations industrielles de l'Europe, on se servait déjà de sièges en bois, les sièges en pierre et les dispositifs à la turque ne se rencontraient que chez nous. Ces derniers furent unanimement condamnés par l'assemblée : l'un des participants raconta qu'un élève de l'école normale d'Auteuil avait glissé, sa jambe s'était enfoncée dans le trou de chute et il avait fallu toute l'adresse du concierge pour le dégager sans fractures. On ne pouvait rien concevoir de plus horrible et de plus malsain que cet orifice, toujours béant, qui laissait constamment les gaz méphitiques de la fosse en communication avec un local clos.

L'éminent Emile Trélat, fondateur de l'Ecole spéciale d'architecture et l'un des théoriciens de cet art à la fin du XIXe siècle, participait à la discussion. Il évoqua un avenir radieux : « J'imagine que, si, dans quelque cour d'école, au fond d'un petit cabinet lumineux et aéré, tapissé de claires faïences et parqueté d'étroites frises de chêne frotté, on nous montrait une blanche cuvette de porcelaine, fermée par une capsule hermétique, largement pourvue d'eau, et entourée d'un siège d'acajou parfaitement astiqué, nous tomberions tous d'accord en ce jugement : ''C'est cela qu'il faut avoir partout.'' » Mais cet homme pratique savait le prix du confort : en conséquence, il se prononçait pour les cabinets à la turque, plus économiques et faciles à nettoyer !

Les partisans de l'usage du siège en bois ciré convenaient qu'il exigeait une surveillance stricte, mais celle-ci n'était pas impossible. M. Hudelo remit à Perrin les plans d'une école construite à Lille sous la direction de l'architecte de la ville « dans laquelle les lieux d'aisances, séparés pour chaque classe, sont placés au fond d'un couloir placé à l'air libre et séparé de la classe par une porte vitrée ; de sa chaire, le maître a vue sur les lieux d'aisances, qui sont fermés par des portes à mi-hauteur, laissant une ouverture à la partie inférieure, de sorte que du dehors le maître voit les pieds et la tête de l'élève lorsqu'il est assis, sans que celui-ci puisse être aperçu des autres élèves de la classe ; on arrive ainsi à des résultats sérieux, qu'on ne peut obtenir lorsque la surveillance est nulle ou confiée à quelque agent secondaire, comme un concierge par exemple. » Toute l'assistance fut d'accord sur le fait que les portes ne devaient pas monter jusqu'en haut du chambranle ni descendre jusqu'au sol, ce qui permettait en outre la ventilation. Il allait de soi que l'intervention de l'autorité serait toujours facilitée : pas de verrou intérieur, adoption d'un signe extérieur indiquant l'occupation.

La question du nombre de ces cabinets par rapport à celui des élèves avait déjà retenu toute l'attention du professeur Fonssagrives [15], un adversaire déclaré des « habitudes vicieuses » dont les latrines sont l'un des lieux d'élection : « Les cabinets d'aisances, expose le maître de Montpellier, doivent être en nombre assez considérable pour que les enfants de classes différentes n'aient pas à parcourir de longs trajets pour s'y rendre, et ne trouvent par là des causes de dissipation et de perte de temps (...). S'ils sont moins nombreux, on peut, à un moment donné, se heurter à un écueil redoutable d'enfants, d'âges quelquefois divers, se rencontrant dans un même cabinet et y trouvant là des occasions fortuites ou recherchées de révélations indiscrètes ou de sollicitations dangereuses. » La question sera tranchée, en 1882, par le ministère de l'Instruc-

---

15. *Dictionnaire de la santé ou Répertoire d'hygiène à l'usage des familles et des écoles*, 1876.

tion publique [16] : « Toute école devra être munie de privés à raison de deux cabinets par classe dans les écoles de garçons et de trois dans les écoles de filles. Un cabinet sera réservé pour les maîtres. »

Mais les enfants contractent vite, à l'imitation des adultes, la mauvaise habitude de monter sur les sièges. Il faut maintenant les contraindre à s'asseoir. Pour ce faire, Perrin proposera diverses solutions [17] : réduction intérieure du cabinet aux dimensions strictement nécessaires, de manière à obliger le déféquant à se placer forcément et directement au-dessus de la lunette du siège ; pose d'une planche sous forme de plan incliné s'élevant de l'arrière de la lunette et se dirigeant obliquement le long du dos, ce qui oblige à se pencher en avant et à s'asseoir directement au-dessus de l'orifice ; inclinaison du siège en avant à vingt-cinq degrés pour empêcher la station debout.

En cette année 1883, le prototype idéal a été réalisé, c'est celui utilisé par l'école Monge*, à Paris, et il enthousiasme tous les hygiénistes. Perrin le décrit ainsi [18] : « Le siège de l'école Monge (...) consistant comme on le sait dans un cylindre de trente à quarante centimètres de hauteur, légèrement incliné en avant, isolé de tout côté des murs environnants, et surmonté d'une couronne en bois, de rechange ou à demeure, obligeant par son peu de largeur — quatre à cinq centimètres — la personne à s'asseoir et par sa forme ovoïde supérieurement à s'asseoir comme à cheval. »

Toujours la même année, le Dr J. Rochard avance des précisions analogues [19] : « Les sièges ne doivent être ni en pierre, ni en ciment, ni en fonte, mais en bois verni, et constitués uniquement par un anneau de cinq à six centimètres de longueur,

---

16. Instructions spéciales pour la construction des écoles primaires élémentaires, *in Commission de l'hygiène scolaire*, 1882.
17. *Revue d'hygiène et de police sanitaire*, 1883.
18. *Ibid.*
* Etablissement secondaire libre fondé en 1869 par d'anciens élèves de l'Ecole polytechnique, l'école Monge fut reprise en 1874 par la Ville de Paris qui l'installa boulevard Malesherbes. Elle devint le lycée Carnot en 1894.
19. « Construction des hôpitaux », in *Revue d'hygiène et de police sanitaire*, 1883.

appliqué directement sur le bord supérieur de la cuvette. La forme en sera ovale ; les dimensions, y compris la largeur de l'anneau de bois, seront de quarante centimètres de long sur trente-trois de large. La hauteur du siège sera de trente à quarante centimètres au-dessus du sol et sa direction légèrement oblique d'arrière en avant et de haut en bas. »

La hantise de la contamination par le siège ne cesse pas d'obséder les médecins de cette époque, et ils ont conçu une façon de l'éviter [20]: « En adoptant le siège en bois, nous n'oublions pas que, chez les petites filles, il peut se rencontrer un danger de transmission d'écoulements vulvaires très tenaces et souvent graves : aussi la cinquième sous-commission a-t-elle fait expérimenter (...) un dispositif qui interrompt le siège en bois dans sa partie antérieure. »

Dorénavant, comme l'exprime très bien T. Gasnier [21] : « Le trajet de l'excrément peut se faire sans obstacles majeurs, puisqu'une ligne continue est censée le mener directement de l'anus du déféquant aux champs d'épandage de Gennevilliers. L'excrément, une fois tombé dans la cuvette, devient totalement absent aux yeux des autres. »

Eloge de la chasse d'eau

Absent peut-être, mais en laissant parfois des traces sur les parois de la cuvette et cela n'est plus supportable, surtout quand on a fait le voyage de Londres. Le 18 août 1883, Emile Trélat — rappelons que, quelques années auparavant, il se prononçait encore pour le système à la turque — prend solennellement une nouvelle attitude devant l'Association française pour le développement des sciences. Il pose d'abord les principes techniques. « Les appareils qui reçoivent les déjections et les conduisent à l'égout doivent être disposés de façon :

---

20. E. JAVAL, *Hygiène des écoles primaires*, 1884.
21. *Le Silence des organes, op. cit.*

1. à tout expédier promptement au-dehors de l'appartement et de la maison ;
2. à opérer instantanément leur propre nettoyage chaque fois qu'ils ont servi ;
3. à fonctionner comme obturateurs parfaits lorsqu'ils sont en repos ;
4. à diluer les matières solides qu'ils doivent éconduire. »

Ce quadruple résultat n'a jamais été obtenu par la cuvette à capsule. Après trente années de tâtonnements, les Anglais sont arrivés à la perfection avec une chasse d'eau de dix litres : « Aucune comparaison n'est à faire entre nos misérables cuvettes à capsules, nos débits d'eau impuissants et désordonnés, nos tuyaux de chute à sections démesurées, nos incertaines communications avec l'égout, et les appareils anglais qui sont aussi simples dans leurs combinaisons que précis dans leurs proportions et sûrs dans leur service. »

L'oracle a parlé. Thomas Crapper, le roi des plombiers britanniques — futur « ingénieur sanitaire » de Leurs Majestés Edouard VII et Georges V —, n'a pas œuvré en vain dans ses ateliers de Chelsea d'où sont sortis tant de modèles éprouvés par les expériences les plus sérieuses. L'âge d'or de la plomberie s'annonce et l'Europe entière se mettra à l'école anglaise. L'ouvrage capital de Stevens Hellyer [22] sera traduit par Poupard, entrepreneur parisien qui enverra son fils en stage auprès du maître ès tuyaux.

Expulseur, nettoyeur, obturateur et dilueur, le W.-C. à chasse d'eau a gagné définitivement la partie. Puisque l'un des arguments des adversaires de ce système s'appuie sur le gaspillage de l'eau, un inventeur imaginera un réservoir à deux débits actionnés par deux chaînes. Si un réservoir doit fournir dix litres de chasse chaque fois qu'il y a lieu de pousser des matières solides hors de la cuvette, ce torrent est inutile et peut être

---

22. *La Plomberie au point de vue de la salubrité des maisons*, ouvrage publié sous le patronage de la Chambre syndicale des entrepreneurs de plomberie de la ville de Paris, 1886.

réduit, sans inconvénient, à deux ou trois litres, quand il n'est nécessaire que de laver la cuvette et d'en expulser les liquides.

L'armée, où la « corvée de chiottes » est un rite important depuis des siècles, va se risquer, au moins à Paris, dans un programme d'avant-garde et ce, dès 1884 [23]. Dans quelques casernes, on a installé des urinoirs à cuvettes en faïence : les réservoirs de chasse, d'un modèle réduit, se vident automatiquement à des intervalles réglables à volonté. Il existe aussi des sièges qui, paraît-il, l'emportent sur tout ce qui se faisait naguère de mieux à l'hôpital du Val-de-Grâce, dans la division des officiers.

Cependant, les prosélytes du système à la turque ne désarmeront jamais, surtout quand il s'agit des lieux publics. Ils excipent d'un argument d'anatomie : la position accroupie a l'avantage de faciliter l'évacuation de l'intestin par la contraction des muscles abdominaux et du releveur de l'anus. En outre, le nouveau siège entraîne des risques de contagion, comme l'explique le Dr Mangenot [24] : « Le système à l'anglaise est dangereux parce que par son bord antérieur, large de 0,10 cm, il peut, s'il n'est soigneusement frotté après chaque visite, recevoir en dépôt un virus qui, recueilli par une muqueuse souvent excoriée et toujours fragile, causera une maladie grave dont les conséquences physiques, morales et même sociales seront d'autant plus fâcheuses pour l'imprudent visiteur, qu'on sera porté à les attribuer à une faute qu'il n'aura pas commise. » La syphilis contractée sur un siège de W.-C. va devenir une légende tenace dans les meilleures familles bourgeoises.

Dans les écoles, où on ne dispose pas d'un personnel suffisamment nombreux pour un entretien strict, rien ne vaut l'ancien dispositif : « La propreté est facile à entretenir à l'aide de lavages lorsqu'il n'y a d'autres choses que ce trou dans un dallage à pente et que les parois du cabinet sont revêtues de carreaux vernissés [25]. » Il y a bien une raison plus essentielle à la pérennité de la dalle où s'inscrit l'emplacement de deux

23. *Archives de médecine et de pharmacie militaires*, 1887.
24. *Revue d'hygiène et de police sanitaire*, 1897.
25. Dr A. Collineau, *L'hygiène à l'école*, 1889.

pieds, mais elle est rarement exprimée de façon claire. La position accroupie est incommode, elle engendre un équilibre précaire, si courte soit la durée de la défécation, et n'incite donc pas à séjourner longtemps dans les lieux, un endroit où la solitude incite aux « mauvaises » pensées...

On sait en effet la violence de la campagne antimasturbatoire au XIXe siècle et l'embarras de toutes les autorités morales et religieuses dès qu'il s'agit de sexualité [26]. Le simple effleurement de certains organes peut conduire aux plus graves désordres. Le Dr A. Benoist de la Grandière, dans un livre au titre pourtant explicite [27], réserve un chapitre aux soins corporels que tous les jeunes gens doivent prendre : il s'étend longuement sur les pieds, mais se tait sur les organes sexuels et les fonctions d'excrétion. En 1884, l'abbé Martiel Séré, dans un manuel de civilité [28], détaille la toilette des yeux, des oreilles, du nez, de la bouche avant de passer lui aussi, brusquement, aux pieds. Ce ne sont que deux exemples choisis parmi des dizaines d'autres.

De là, sans doute, l'extrême timidité des auteurs au moment où s'imposeraient quelques recommandations concernant l'action de s'essuyer le fondement. Le Dr Rochard est l'un des rares praticiens à s'exprimer au sujet des soins à procurer à la région anale [29] : « Des ablutions quotidiennes, au moment de la toilette du matin, s'imposent dans cette région. En la maintenant dans un état de propreté rigoureuse, on prévient les irritations dont elle est souvent le siège, et qui prennent parfois un caractère fâcheux, lorsqu'on y laisse séjourner les souillures que la négligence y accumule. »

Voilà qui est fort convenablement dit, mais dans la journée ? Qu'advient-il de l'excrément résiduel, après chaque selle ? A notre connaissance, un certain docteur Richard a été le

---

26. Voir notre article, « Haro sur la masturbation ! », in *L'Histoire*, janvier 1984.
27. *Notions d'hygiène à l'usage des instituteurs et des élèves des écoles normales primaires*, 1877.
28. *Civilité des écoles, pensions, collèges et séminaires.*
29. *Traité d'hygiène publique et privée*, 1895.

seul observateur à évoquer le papier, presque à la fin du XIXe siècle[30] : « Dans tous les cabinets d'aisances, il est indispensable qu'il se trouve une boîte renfermant le papier nécessaire au visiteur pour s'essuyer. Sans cette précaution, la propreté des parois n'est pas respectée et le linge devient rapidement d'une saleté repoussante. » Le papier hygiénique a été inventé aux U.S.A., en 1857, par Joseph Cayetty. Il ne s'imposera pas tout de suite en France, où il passera longtemps pour un raffinement inouï quand le papier des journaux peut rendre les mêmes services[31]. En 1901, pour la visite des souverains russes à Compiègne, un fonctionnaire zélé avait fait fabriquer un modèle timbré aux armes impériales. Le protocole s'aperçut heureusement de ce sacrilège avant que l'irréparable ne fût accompli.

Le Dr Richard ne peut pas recommander un modèle particulier, sans doute encore trop cher. Il se contente donc de conseils pratiques : « Le choix du papier n'est pas indifférent. En Angleterre, ce papier est toujours neuf et il va sans dire que c'est ce qu'il y a de plus désirable. De toutes façons, s'il avait servi à d'autres usages, il faut qu'il n'ait pas été contaminé par des germes pathogènes. Dans les cas douteux, il sera facile de placer le papier (journaux, vieux imprimés, etc.) dans une étuve à vapeur, à l'occasion d'une opération de désinfection, attendu qu'il est peu encombrant, et qu'il supporte, sans se détériorer, le passage à l'étuve. »

Les W.-C. à l'intérieur !

L'année 1883 a marqué une date dans la campagne des hygiénistes en faveur des W.-C. modernes, nous venons de le voir. A côté de l'avancée proprement technique, il faut souligner une non moins importante conquête sociale dans laquelle

30. *Traité d'hygiène appliquée*, 1891.
31. Encore en 1912, le *Manuel pratique du fabricant de papiers*, par A. WATT, ne dit pas un mot de ce modèle spécial.

le docteur Napias, déjà rencontré, a joué un rôle de poids. Dans la séance du 16 avril 1883 de la Commission des logements insalubres de Paris, contestant la proposition de certains de ses collègues s'arrêtant au rapport, totalement empirique, d'un cabinet pour vingt-cinq personnes, il eut le courage de dénoncer ce chiffre comme une cause inéluctable d'insalubrité. Il lui paraissait indispensable que chaque logement fût pourvu de son cabinet d'aisances. Mais il avait conscience que cette exigence semblerait à beaucoup « radicale et tout à fait révolutionnaire ». La nouvelle législation sur les garnis — ordonnance préfectorale du 25 octobre 1883 — prévoira un cabinet pour vingt personnes.

L'exigence de Napias sera d'abord satisfaite dans les constructions des fondations à caractère philanthropique qui commencent à œuvrer sérieusement à la fin du XIXe siècle. En 1884, dans un immeuble à bon marché, rue Jean-Robert, édifié pour la Société civile coopérative de consommation du XVIIIe arrondissement, chaque logement dispose de ses W.-C. intérieurs. C'est la règle, à partir de 1886, dans les milliers d'appartements de la Société des logements économiques, fondée à Lyon par l'industriel Félix Mangini.

Dix ans plus tard, les autorités administratives, peu à peu investies par les novateurs, sont acquises au principe du cabinet d'aisances placé à l'intérieur de chaque appartement. L'arrêté préfectoral du 8 août 1894, fixant les conditions du règlement relatif à l'assainissement de Paris, comble le parti hygiéniste. En voici les articles concernant les cabinets d'aisances :

« ARTICLE 1 : Dans toute maison à construire, il devra y avoir un cabinet d'aisances par appartement, par logement ou par série de trois chambres louées séparément. Ce cabinet devra toujours être placé soit dans l'appartement ou logement, soit à proximité du logement ou des chambres desservies et, dans ce cas, fermé à clé.

« ARTICLE 2 : Tout cabinet d'aisances devra être muni de réservoir ou d'appareils branchés sur la canalisation, permettant de fournir, dans ce cabinet, une quantité d'eau suffisante pour

assurer le lavage complet des appareils d'évacuation et entraîner rapidement les matières jusqu'à l'égout public.
« ARTICLE 3 : L'eau ainsi livrée dans les cabinets d'aisances devra arriver dans les cuvettes de manière à fournir une chasse vigoureuse.
« ARTICLE 4 : Toute cuvette de cabinet d'aisances sera munie d'un appareil formant fermeture hydraulique permanente. »

Le siège s'est perfectionné, on ne le conçoit plus, pour éviter les souillures de l'urine, sans une pièce de menuiserie qui se rabat à volonté : « Avec le siège à relèvement, la cuvette est constamment libre et peut servir d'urinoir et de vidoir. [32] » Pour les architectes, il n'y a plus de problème d'emplacement. Comme le dira Julien Guadet, maître à penser de plusieurs générations d'architectes à l'Ecole des beaux-arts de Paris [33] : « Quant au cabinet d'aisances, nous le plaçons sans aucune crainte au milieu de l'appartement. » Et le Maître n'hésite pas à en prévoir un par chambre, un pour les invités et un pour les domestiques.

Guadet ne s'intéresse pas aux habitations ouvrières dont les promoteurs n'accueillent pas avec enthousiasme les prescriptions de l'ordonnance préfectorale. Mais les classes laborieuses vont pouvoir s'habituer au confort du cabinet privé dans les immeubles du Groupe des maisons ouvrières (Fondation Lebaudy) — à partir de 1900 — ou dans ceux de la Fondation Rothschild — à partir de 1907. Ces ensembles immobiliers d'excellente qualité serviront de modèles aux Habitations à bon marché : de 1894 à 1929, tout un corpus de dispositions législatives établira celles-ci pour les locataires aux revenus modestes.

32. *Encyclopédie d'hygiène et de médecine publique*, 1890-1895 (sous la direction de J. Rochard), vol. IV.

33. *Eléments et théorie de l'architecture*, t. II, 1901.

Apothéose du Pétomane

Dans de telles aises, comment expliquer que la constipation soit devenue un danger social, signalé par nombre de médecins au début du XXe siècle ? Avec le système ancien, « se retenir » était souvent une obligation. Devant les merveilleuses cuvettes à fleurs de l'Art nouveau — décor chrysanthèmes ou narcisses à l'intérieur et à l'extérieur —, recouvertes d'un siège en chêne ciré, comment ne pas se laisser aller en toute quiétude ? Pourtant, le Dr Burlureaux, professeur agrégé au Val-de-Grâce, se donne la peine de rédiger un ouvrage pour signaler le mal [34]. Curieusement, il atteint surtout les femmes et un autre médecin considère les enseignantes comme les plus atteintes [35] : « Sur une centaine, on en rencontre au moins quatre-vingts qui accusent de ce côté-là des troubles plus ou moins marqués. Les unes disent n'aller à la garde-robe que tous les deux jours, ce qui est déjà insuffisant, chez d'autres, les émanations ne se font que tous les trois, quatre, voire tous les cinq ou six jours. »

D'où une frénésie purgative, sans exemple depuis l'époque de Molière. Un luxe d'appareils remplace l'antique clystère, cependant toujours en vogue. Des « spécialistes » pratiquent même des massages abdominaux et des traitements électriques. Le bon Dr Burlureaux ne croit nullement à l'efficacité de cet arsenal : la constipation, prétend-il, est due à un trouble du système nerveux. Il ne précise pas lequel. L'insatisfaction sexuelle n'était-elle pas en cause ? Sous le couvert de manipulations diverses, n'y avait-il pas une façon détournée de se procurer l'orgasme, si rare alors dans le lit conjugal ?

Quoi qu'il en soit, ces dames, accompagnées de leurs partenaires, légitimes ou non, se rendront, sans se faire prier, pendant vingt ans, à l'extraordinaire spectacle que donnera Joseph Pujol, l'inimitable Pétomane dont le souvenir a heureu-

34. *La Purgation, un danger social*, 1908.
35. M. DUPONT, *L'Hygiène de la femme professeur*, 1913.

sement été ranimé par Jean Nohain et François Caradec [36]. Ce boulanger marseillais — père de dix enfants — apparaît au Moulin-Rouge en 1892, et c'est aussitôt un succès qu'aucun franc-péteur de l'âge classique n'aurait pu imaginer. Vêtu d'un habit rouge et d'une culotte de satin noir, Pujol imitait plusieurs sortes de pets, celui de la jeune fille, de la belle-mère, de la mariée, de la couturière, et terminait son numéro en éteignant une bougie placée à trente centimètres de son postérieur. Certaines spectatrices, étouffant de rire dans leurs corsets, étaient emportées par des infirmiers en blouse blanche.

Toulouse-Lautrec, ainsi que le roi des Belges et d'innombrables personnalités, vinrent applaudir ce maître du bruitage naturel. Un poète le chanta [37] :

« Devant ton phénomène au si troublant arcane,
Se pressent le gommeux suçant l'os de sa canne,
L'artisan, le bourgeois, la marchande d'amour,
Attentifs, l'œil mi-clos, la narine béante :
Enfoncés l'homme-nain et la femme géante,
Gloire au seul pétomane, il est le dieu du jour. »

Examiné dès ses débuts par le Dr Marcel Baudouin, le pétomane présentait une rare particularité intestinale dont il s'était aperçu, à l'âge de treize ans, en se baignant. Avec l'anus, il aspirait de l'eau ou de l'air qu'il refoulait à volonté en modulant les sons et sans odeur. Sous Louis XIV, ce maître du Zéphir aurait certainement été anobli : le généalogiste d'Hozier lui eût composé des armes parlantes. L'orinal n'a-t-il pas été plusieurs fois utilisé en tant que meuble héraldique ? Après la guerre de 1914, Pujol redevint boulanger. Comme l'a écrit l'un de ses fils : « Le Pétomane est mort sans inquiétude, avec sérénité. Au cours de sa longue vie, il avait donné le meilleur de lui-même. »

---

36. *Le Pétomane (1857-1945), sa vie, son œuvre*, Paris, Pauvert, 1967, 97 p.
37. Angelin RUELLE, *A la foire de Neuilly*, 1908.

Joseph Pujol fut bien le dernier héros de la scatologie française. La fin de son spectacle coïncide avec l'avènement de la céramique sanitaire dont la froideur clinique coupe tout élan d'imagination. La défécation ni le pet ne sont plus des sujets de plaisanterie, le tout-à-l'égout les emporte dans son flux purificateur.

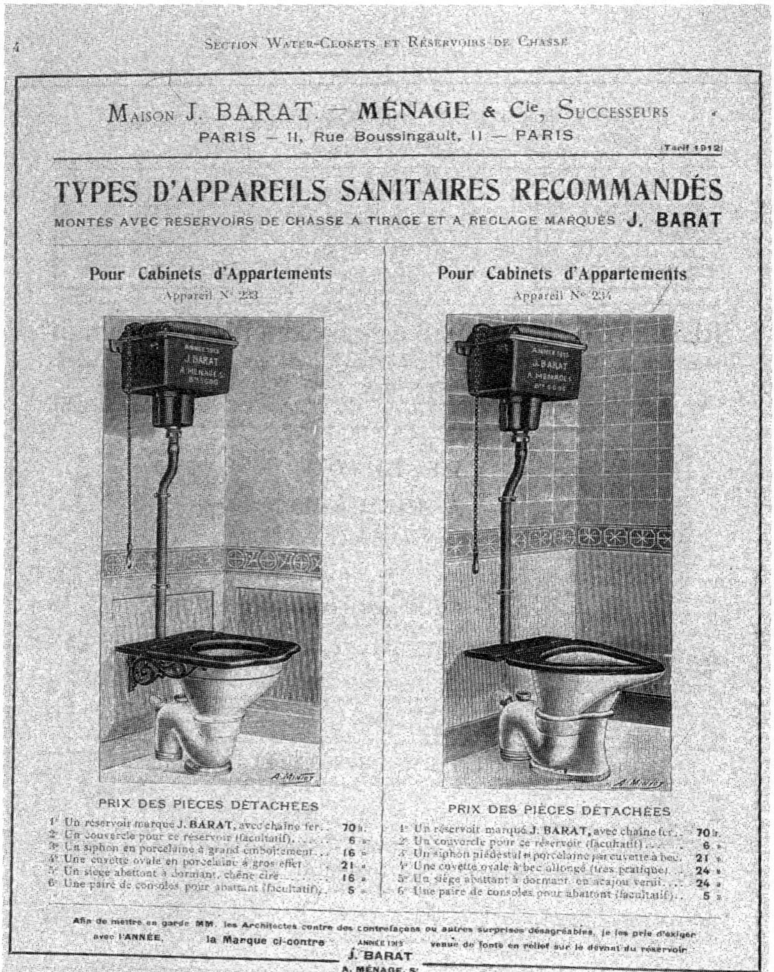

4 Section Water-Closets et Réservoirs de Chasse

Maison J. BARAT — MÉNAGE & Cie, Successeurs
PARIS — 11, Rue Boussingault, 11 — PARIS
(Tarif 1912)

TYPES D'APPAREILS SANITAIRES RECOMMANDÉS

MONTÉS AVEC RÉSERVOIRS DE CHASSE A TIRAGE ET A RÉGLAGE MARQUÉS **J. BARAT**

Pour Cabinets d'Appartements

Appareil N° 233

PRIX DES PIÈCES DÉTACHÉES

1°	Un réservoir marqué J. **BARAT**, avec chaîne fer	70 fr.
2°	Un couvercle pour ce réservoir (facultatif)	6 »
3°	Un siphon en porcelaine à grand emboîtement	16 »
4°	Une cuvette ovale en porcelaine à gros effet	21 »
5°	Un siège abattant à dormant, chêne ciré	16 »
6°	Une paire de consoles pour abattant (facultatif)	5 »

Pour Cabinets d'Appartements

Appareil N° 234

PRIX DES PIÈCES DÉTACHÉES

1°	Un réservoir marqué J. **BARAT**, avec chaîne fer	70 fr.
2°	Un couvercle pour ce réservoir (facultatif)	6 »
3°	Un siphon piédestal en porcelaine par cuvette à bec	21 »
4°	Une cuvette ovale à bec allongé (très pratique)	24 »
5°	Un siège abattant à dormant, en acajou verni	24 »
6°	Une paire de consoles pour abattant (facultatif)	5 »

Afin de mettre en garde MM. les Architectes contre des contrefaçons ou autres surprises désagréables, je les prie d'exiger avec l'ANNÉE, la Marque ci-contre — ANNÉE 1913 J. BARAT A. MÉNAGE, S' BREVETÉ S.G.D.G. — venue de fonte en relief sur le devant du réservoir

Types d'appareils de la maison Barat, 1912.

7

Une loi liberticide

Une question sans objet

La réussite et l'extension des cabinets d'aisances pourvus d'un système de chasse à tous les intérieurs français étaient d'abord conditionnées par un approvisionnement d'eau suffisant et régulier. L'opération fut réalisée à Paris après le captage de la Vanne, de la Dhuys, de l'Avre, puis du Loing et du Lunain, au total un réseau d'aqueducs fermés de 517 kilomètres en 1910. Il fallait ensuite qu'existât la possibilité de se débarrasser des eaux usées, ce qui sous-entendait la généralisation du tout-à-l'égout.

Les deux problèmes sont liés et Paris, lieu du pouvoir, donnera le premier exemple de leur solution. Ailleurs, la question semble sans objet. En 1907, sur 616 villes de plus de 5 000 habitants, 294 ignoraient à quoi pouvait ressembler un égout. Il faudra souvent attendre les lendemains de la Seconde Guerre mondiale — ce sera le lot de la majorité des communes de France — pour que les municipalités commencent à s'intéresser à l'hygiène publique.

Appuyons-nous, une fois encore, sur trois exemples de la fin du XIXe siècle, absolument généralisables. A Toulon, d'après le docteur Cartier [1], le « tout-à-la-rue » est le mode de vidange généralement adopté mais, pour y remédier, la municipalité a

1. *L'Hygiène à Toulon, statistique hygiénique*, 1894.

inventé le « tonneau roulant » : « Il circule dans les rues à des heures plus ou moins fixes et recueille, à son passage, les déjections apportées dans les récipients de toutes les formes. Comme on le devine, l'obligation d'attendre le tonneau fournit, à bien des ménagères, le prétexte d'avoir recours au ruisseau pour le même office ; l'eau courante entraîne ainsi, dans la vieille darse, les matières usées, tout en abandonnant sur sa route, par infiltration, une partie des substances dont elle est souillée. »

Toulon possède 1 800 puits qui sont naturellement infectés : leur rôle comme agent de propagation de la fièvre typhoïde a été démontré. En bref, sur les 64 027 habitants — population civile — qui ont été dénombrés au recensement de 1891, la mortalité atteint le pourcentage de 33,96 pour mille. Ce chiffre est supérieur de 10,03 à la moyenne de 23,4 qui est admise pour la France.

Au cours du XIXe siècle, le choléra a frappé huit fois à Marseille : 1835, 1849, 1854, 1855, 1865, 1866, 1884, 1885. Le taux de mortalité de cette ville compte parmi les plus élevés d'Europe. En 1886, pour 32 653 maisons, on dénombre 10 000 tinettes sèches, 5 000 tinettes filtrantes, 4 000 puisards. Dans les 14 000 constructions restantes, on préfère sans doute respecter une tradition très ancienne : l'usage consiste en effet à recueillir les déjections, à chaque étage, dans un jarron ensuite vidé dans le ruisseau.

A Bordeaux, en 1895, sur les 32 000 maisons de l'agglomération, 12 000 possédaient des fosses vidangées tous les quinze-vingt ans. Ce très long intervalle s'explique par la construction vicieuse des réceptacles : en fait, toutes les matières s'infiltraient dans le sol — en empoisonnant la nappe phréatique — ou se rendaient directement à la Garonne [2].

A Paris, en 1871, les différents dispositifs d'évacuation des matières excrémentielles ont été classés par Belgrand [3].

Sur 123 942 fosses, on distinguait :

- 85 775 fosses fixes, selon le dispositif ancien ;

2. Eugène RODIER, *L'Evacuation des eaux usées*, 1905.
3. *Transformation de la vidange, op. cit.*.

• 19 203 fosses mobiles ordinaires, suivant le système proposé au début du siècle ;
• 12 520 appareils diviseurs écoulant leurs liquides dans des réservoirs ;
• 6 444 tinettes-filtres.

Belgrand ajoute que, sur les 68 000 maisons de Paris, 7 690 n'ont aucun dossier de vidange à la Préfecture. Donc leurs propriétaires éliminent les déjections alvines par des moyens illicites que les spécialistes ont repérés depuis plusieurs siècles :

1. Fosses perméables laissant écouler les matières dans les nappes d'eau souterraines.
2. Trous ouverts dans les cours ou les jardins ; on y déverse les matières et on les comble de terre lorsqu'ils sont à peu près pleins.
3. Tonneaux réglementaires qu'on vide clandestinement dans des fosses creusées dans les jardins.
4. Allèges faites sans autorisation dans les fosses régulières.

En mars 1888, une circulaire de la Préfecture aux commissaires de police — elle sera renouvelée plusieurs fois — attire leur attention sur les déversements de matières de vidanges qui continuent à être opérés clandestinement, surtout la nuit. Par exemple dans les égouts, sur la voie publique et, en faisant un petit tour en banlieue, dans les champs situés en bordure des routes ou des chemins vicinaux.

La première guerre franco-allemande terminée, Durand-Claye pose clairement le problème [4]. Les fosses fixes ne peuvent pas être améliorées. Leurs infiltrations amènent des tassements du sol et infectent la terre, elles dégagent des émanations pestilentielles malgré le système de ventilation, quand il existe : « Un tuyau appelé évent part de la fosse et s'élève jusqu'au toit ; construit pour éviter les explosions, il sert, quand la pression atmosphérique est faible, à répandre dans l'air des gaz infectieux que les vents chassent vers les quartiers élevés, et, quand la pression est forte, à faire monter ces mêmes effluves dans les cabinets d'aisances. » La plupart du temps, d'ailleurs,

4. *L'Assainissement général de la ville de Paris, droits, devoirs et réformes*, 1871.

ces ventilateurs ne fonctionnent pas, obstrués par des nids d'oiseaux ou d'un tirage défectueux, car ils ne montent pas assez au-dessus des cheminées : il faudrait les ramoner deux fois par an, encore une charge onéreuse pour les propriétaires.

Une seule solution rationnelle et hygiénique à ce gâchis, l'extension du tout-à-l'égout. Une longue bataille s'engage, elle durera jusqu'au début du XXe siècle. Il faudrait un volume pour en détailler les péripéties, nous nous en tiendrons à l'essentiel [5]. L'épandage se poursuit à Gennevilliers, deux cents hectares sont ainsi traités en 1875. Les terrains ensemencés sont disposés en raies et en billons, l'eau circule de façon à ne pas toucher les feuilles des légumes, ce qui n'empêche pas les détracteurs de l'expérience de les déclarer impropres à la consommation et dangereux pour la santé publique. Désireux de prouver le contraire, Grancher, le collaborateur de Pasteur, arrose avec des bouillons de microbes de la fièvre typhoïde la terre où il avait semé des radis et ceux-ci sont indemnes de tout germe pathogène. Léon Say, préfet de la Seine, offrira à Mme Thiers, pleine de méfiance, car on lui avait raconté que les légumes exhalaient une forte odeur, un magnifique panier de produits de Gennevilliers qui seront reconnus excellents par le couple présidentiel.

La Seine gravement malade

Cependant, en 1876, il faudra bien officiellement reconnaître ce qui maintenant crève les yeux de tous : la Seine est polluée jusqu'à Mantes [6], en aval du collecteur de Clichy où le fleuve exhibe un aspect noirâtre. Là se déversent les eaux de la rive droite et de la rive gauche, 200 000 mètres cubes d'eaux usées

---

5. Voir la pénétrante étude de Gérard JACQUEMET — chercheur trop tôt disparu et auquel l'histoire de Paris doit cependant beaucoup —, « Urbanisme parisien : la bataille du tout-à-l'égout à la fin du XIXe siècle », in *Revue d'histoire moderne et contemporaine*, 1979.

6. Préfecture de la Seine, *Assainissement de la Seine. Epuration et utilisation des eaux d'égouts*, 2 t. en 1 vol.

par jour. A Saint-Denis, le collecteur départemental rejette les eaux du versant nord des buttes Montmartre et de Ménilmontant, les détritus des usines qui y sont implantées, les eaux-vannes de Bondy, soit 40 000 mètres cubes quotidiennement.

Dans Paris, la Seine a retrouvé ses eaux vertes, mais la situation de la banlieue tourne au drame. La Ville doit engager des frais de dragage afin de déblayer le fleuve des sables et des matières organiques charriés par les égouts et qui finissent par former des bancs vaseux. De plus, sur deux kilomètres au moins, il règne dans le lit de la Seine une fermentation dégageant le « gaz des marais ». Les habitants des deux rives craignent les fièvres paludéennes et s'en plaignent à leurs médecins.

Les adversaires du tout-à-l'égout ne manquent pas d'exploiter la situation et les revues les plus sérieuses acceptent leur prose. Ainsi celle de M. Aubry-Vitet, publiée dans *La Revue des deux mondes* en 1880 : « De Clichy à Poissy, écrit-il, le fleuve est converti en un vaste foyer de fermentation et d'infection. Il n'offre plus, dans cette partie de son cours, qu'une eau impropre à tous les usages domestiques, mortelle aux poissons, répandant dans l'atmosphère des émanations fétides, sinon malsaines, et cela aux portes même de la capitale, au milieu de contrées luxuriantes, au pied des élégantes villas qui peuplent la splendide vallée de la Seine. »

L'ingénieur général Pierre Mille et ses collègues étaient tout à fait conscients de la gravité de la situation : les eaux usées ne devaient pas être rejetées à la Seine avant d'avoir subi un traitement. L'expérience de Gennevilliers allait s'étendre aux garennes de la forêt de Saint-Germain. Ce projet avait été soumis à l'enquête d'utilité publique dès 1876 et il rencontra d'emblée les plus vives résistances. Les propriétaires de villas croyaient déjà voir passer sous leurs yeux effarés des ruisseaux fétides dont le mauvais air les aurait poursuivis au plus profond de leur retraite. Saint-Germain perdrait sa clientèle traditionnelle d'étrangers. De sa terrasse unique au monde, on apercevrait, on sentirait les rigoles infectes. Il ne fallait pas toucher à la Seine-et-Oise, département de villégiature, et déprécier ses terrains en les appelant à s'encrasser et à devenir des marais pestilentiels bientôt ravagés par le paludisme. Des comités de défense se constituèrent, des campagnes de signatures furent lancées.

A l'hostilité déclarée des propriétaires banlieusards — en attendant le renfort de ceux de l'intra-muros encore dans l'expectative — se joignit celle de tous les industriels qui tiraient des revenus de l'exploitation des matières fécales. En 1875, on estime à un million de mètres cubes la quantité des matières de vidanges recueillies à Paris et dans la banlieue. Elles procurent environ 300 000 hectolitres de poudrette, un engrais très apprécié, plus six millions de kilos de sulfate d'ammoniaque. L'ensemble de ces produits représente un chiffre d'affaires de six millions de francs. Comme le public paie en moyenne aux vidangeurs six francs le mètre cube, on arrive là encore à six millions. L'extraction des matières et leur exploitation donnent ainsi douze millions, une belle somme. Va-t-elle se perdre dans les égouts ?

Sans compter que l'unanimité des autorités scientifiques n'était pas faite sur le projet ambitieux des ingénieurs ! L'un d'eux invoquait les expériences de Pasteur qui « conduisent à repousser les fosses d'aisances comme un vaste réservoir de garde et de conservation, à l'abri de l'air, des plus épouvantables virus qu'ait à redouter l'espèce humaine »[7], mais le savant lui-même se montrait très réservé sur les vertus de l'épandage. Ayant prouvé que les germes de la maladie du charbon se conservent plusieurs années dans le sol, il aurait voulu conduire les déjections alvines jusqu'à la Manche par une canalisation spéciale.

Quant au professeur P. Brouardel, sommité très en vogue dans les milieux médicaux parisiens, il s'affirmait contre le nouveau système pour tout un ensemble de raisons. Sans aucune preuve, il assurait que les égouts n'avaient pas la pente nécessaire pour assurer une évacuation prompte et facile de ce que

7. A. WAZON, *Principes techniques d'assainissement des villes et habitations suivis en Angleterre, France, Allemagne, Etats-Unis et présentés sous forme d'étude sur l'assainissement de Paris*, 1884.

les Parisiens allaient leur envoyer. Ces malheureux seraient donc bientôt installés sur une fosse infernale où les germes des maladies contagieuses iraient en s'accumulant. En particulier, Brouardel soutenait que la typhoïde pouvait se transmettre par l'air : les égouts étaient des conduites par lesquelles l'air circulait avant de retourner sur la voie publique.

Dans leur souci de la recherche d'une canalisation hermétiquement close, quelques bons esprits s'intéressaient au système de vidange pneumatique mis au point par J.-B. Berlier : des tuyaux, installés dans les égouts depuis les maisons, emporteraient les matières jusqu'à cinquante kilomètres de Paris où des usines pourraient les traiter. De cette manière, à Lyon, le transport des matières qui s'effectuait auparavant par des bateaux empruntant le Rhône avait été supprimé. Berlier fut autorisé à tenter une expérience entre la caserne de la Pépinière — située à l'emplacement actuel du Cercle militaire — et Levallois, mais il arrivait trop tard.

Un incident climatique cristallisa soudain le mécontentement diffus des milieux hostiles au tout-à-l'égout. Durant l'été 1880, la capitale fut envahie par une puanteur inexplicable. La santé publique n'en souffrit pas, puisqu'on constata pendant cette période une décroissance des décès pour l'ensemble des maladies épidémiques. Mais tous les journaux dissertèrent là-dessus à longueur de colonnes [8], d'autant plus que le conseil municipal, le 23 juin 1880, avait voté la suppression complète des fosses et l'écoulement intégral direct à l'égout public. On réclamait une explication scientifique. En décembre, le ministre de l'Agriculture et du Commerce confia l'examen du phénomène à une commission de très haut niveau : Brouardel, Pasteur et le chimiste Sainte-Claire Deville en faisaient partie, mais on n'y comptait pas un seul architecte ou ingénieur. La commission, sans se prononcer explicitement sur l'origine des odeurs, mit toutefois les égouts en cause, Brouardel reprenant son argument de la pente insuffisante des collecteurs.

Durand-Claye et les ingénieurs de la Ville ripostèrent aussi-

8. Voir Alain Corbin, *Le Miasme et la Jonquille, op. cit.*

tôt en rappelant que l'introduction libérale de l'eau dans les maisons et sur la voie publique devenait peu à peu la loi primordiale de l'assainissement municipal. Ils ajoutaient, dans une belle envolée oratoire : « C'est à ce titre que le développement complet d'un large réseau d'égouts s'impose comme le seul procédé compatible avec l'enlèvement rapide et hygiénique de tout le *caput mortuum* des grandes cités ; c'est à ce titre que l'isolement dans les fosses des matières de vidanges, leur transport barbare à la tonne, leur traitement odieux à chaud, sont avec raison poursuivis par une réprobation unanime ; c'est à ce titre que le vieil exemple d'Edimbourg et de Milan a créé les terrains municipaux d'épuration d'Angleterre et d'Allemagne et créera, plus tard, les vastes espaces d'utilisation agricole, tout en permettant de suite l'assainissement complet de la cité entre ses murs et dans sa banlieue. »

Paroles de bon sens, mais le spectacle offert par la Seine se traduisait toujours en visions apocalyptiques, comme celle présentée à la Chambre des députés par le Dr Bourneville, l'un des représentants de la capitale, en juillet 1885 : « La Seine est sur la rive droite un véritable égout à ciel ouvert. Les eaux sont troubles, colorées et recouvertes d'écume d'aspect graisseux ; l'oxygène disparaît, presque complètement absorbé par la matière organique en pleine décomposition. Une fermentation, presque continuelle pendant l'été, fait bouillonner les eaux du fleuve, ramène les immondices du fond vers la surface et dégage du gaz des marais souvent sous la forme de bulles énormes atteignant parfois un mètre de diamètre. La rive est enduite d'un dépôt noirâtre ; les masses solides de sables et autres corps pesants forment aux embouchures des collecteurs des bancs énormes de vase noire et infecte, dont l'épaisseur varie entre 0,65 m et 3 m, qui s'étendent depuis les collecteurs jusqu'à Marly. »

Quels monstres à la Jérôme Bosch émergeraient bientôt de ce décor de fin du monde ? L'administration municipale avait l'épée dans les reins, la polémique s'enflammait de plus belle. On se jetait Belgrand à la tête ; les citations tronquées alternaient avec celles interprétées dans un sens favorable à l'une ou l'autre thèse, quand elles n'étaient pas, en réalité, extraites des rapports d'Haussmann.

Le préfet Poubelle, un fanatique d'hygiène urbaine que les propriétaires parisiens considéreront dans peu de temps comme leur ennemi numéro un, une sorte de crypto-socialiste dont la fameuse boîte était une atteinte déclarée à la liberté individuelle, prenait un arrêté — 20 novembre 1887 — prouvant son mépris total des droits de la propriété. Ce texte étonnant énonçait en effet une prodigieuse exigence : « Les cabinets d'aisances doivent être pourvus d'un réservoir de chasse débitant dix litres d'eau par personne et par jour, avec des siphons à plongée de 0,07 cm sous les cuvettes. » Si l'expression de « taupe » avait alors eu cours, nul doute qu'elle aurait servi à qualifier Poubelle, considéré comme un agent de transmission des folles théories collectivistes de Guesde et Lafargue.

Intervention d'un jésuite

Un tel climat passionnel était favorable à l'éclosion d'« inventions » permettant des solutions de rechange. Le procédé Berlier semblait compliqué et dépendait du bon vouloir de la Ville. Alors apparut l'abbé François Moigno. Ce Breton de Guéméné-sur-Scorff, d'abord jésuite, avait été professeur de mathématiques au célèbre collège de la rue des Postes qui prépara tant de bons jeunes gens au concours de Polytechnique ou de Saint-Cyr. En désaccord avec son ordre, il le quitta pour fonder, en 1852, une revue scientifique au titre étrange de *Cosmos les mondes* [9].

Vulgarisateur de premier ordre en relation avec l'élite scientifique de son temps, l'abbé Moigno était aussi un habile homme d'affaires. On ne sait comment il fit la connaissance d'un certain Jean-Louis Mouras, habitant de Vesoul qui n'a jamais été autrement identifié. Le 22 septembre 1881, ce

9. *Cosmos les mondes*, revue hebdomadaire des sciences et de leur application aux arts et à l'industrie (31e année en 1882).

personnage déposa un brevet « pour une nouvelle fosse d'aisances dite vidangeuse automatique et inodore », en précisant que son système avait été particulièrement éprouvé : « Les vingt années pendant lesquelles il a fonctionné avec le plus grand succès dans la maison de l'inventeur témoignent assez que ''La Vidangeuse'' est l'une de ces inventions sérieuses qui n'ont qu'à se produire pour être aussitôt acceptées et recherchées par le public. »

L'abbé Moigno acheta à Mouras le droit d'exploiter son engin. Il le commercialisa avec l'aide de la maison Barbas, installée boulevard de Strasbourg, à Paris. Ce fabricant proposa au public — au prix de quatre cents francs, somme relativement élevée — un réservoir de tôle galvanisée, haut de 2 m, long de 1,40 m et large de 0,70 m, qui pouvait suffire à dix personnes. Quel était donc le secret de cet appareil miraculeux pour les propriétaires, puisqu'il fonctionnait sans adduction d'eau, ce produit si cher, et se branchait facilement sur un égout ou permettait un écoulement dans la nature ? L'abbé Moigno nous l'a révélé avec émotion : « Ces résultats sont obtenus par la simple transformation matérielle de la fosse d'aisances ordinaire et si barbare, sans appel à aucun agent nouveau, à aucune force étrangère, sans intervention d'ingrédients chimiques, par ce seul fait que la fosse transformée se prête à la mise en jeu d'une force de la nature, complètement imprévue et ignorée jusqu'ici. Qui aurait pu soupçonner que les déjections contiennent naturellement et portent avec elles le principe de fermentation et de désagrégation nécessaire et suffisant pour les fluidifier et les rendre immédiatement utilisables ? C'est évidemment le dernier mot du progrès de l'hygiène domestique et sociale. »

L'administration parisienne autorisa, en 1882, l'installation de fosses Mouras dans quelques maisons particulières. Mais on s'aperçut vite qu'au fond des cuves subsistait une croûte de matières solides qui s'épaississait et nécessitait quand même un travail de vidange « à l'ancienne ». La vidangeuse Mouras fut rapidement imitée par nombre de petits inventeurs, bien que la désagrégation des matières n'assurât pas pour autant leur épuration, ce qui fut bientôt dénoncé par les pastoriens [10].

Pour être fiable, une cuve de ce type devait être complétée par un lit bactérien, composé notamment de mâchefer, sur lequel passe le liquide obtenu avant de s'écouler à l'égout ou dans un réseau d'épandage. Ce fut l'invention du Britannique Donald Cameron, sous le nom de « Septic tank » (1896), appliquée avec succès à Leeds, Manchester, Sheffield. En 1904, Albert Calmette, à la station expérimentale de La Madeleine-lès-Lille, fera établir deux fosses de ce type ayant 33 m de long sur 2,60 m de profondeur. Les recherches des savants ne troublèrent pas les petits industriels qui s'étaient spécialisés dans la fabrication des vidangeuses automatiques : ils écumeront longtemps la banlieue et la campagne, comme nous le verrons plus loin.

Poubelle, préfet collectiviste

Pendant ce temps, les services techniques de la Ville de Paris, de plus en plus soutenus par les professeurs d'hygiène des six facultés de médecine de France, par les résolutions unanimes des congrès internationaux d'hygiène et par l'ensemble de la presse spécialisée, préparaient un projet de loi qui fut votée le 4 avril 1889. Elle consacrait le principe de l'épuration et de l'utilisation des eaux d'égout par l'épandage agricole ; elle autorisait la construction d'un aqueduc, celui d'Achères, destiné à diriger les eaux usées de Paris sur 799 hectares de terrains domaniaux, au nord de la forêt de Saint-Germain. Les travaux débutèrent en 1893, on inaugura l'ouvrage moins de deux ans plus tard.

En 1890, le traitement du stock de matières croupissant à Bondy était terminé. Dans un grand élan sanitaire, l'Assemblée nationale, par la loi du 24 juillet 1891, déclarait d'utilité publique la construction des égouts de Marseille. Les travaux,

10. Dr Octave SIMONOT, *Rapport sur fosse septique et hygiène publique*, 1911.

commencés en 1892, étaient achevés en 1895 malgré l'hostilité d'une nouvelle municipalité et la résistance des propriétaires. Il faudra ensuite passer au tout-à-l'égout et ce sera l'affaire de plusieurs décennies...

A Paris, en 1891, la situation se présentait ainsi :

61 080 fosses fixes.

34 679 appareils filtrants.

18 870 fosses mobiles.

7 398 chutes directes dans l'égout à l'initiative de 2 951 propriétaires. On ne pouvait attendre plus longtemps que la déesse Hygie éclairât enfin les autres. Il devenait nécessaire de les brusquer un peu. Préparée par Poubelle et l'ingénieur Bechmann, la loi du 10 juillet 1894 sur l'assainissement de Paris et de la Seine fut votée par 412 voix contre 83 à la Chambre et par 201 voix contre 26 au Sénat.

L'article 2 de ce texte décisif était sans équivoque : « Les propriétaires des immeubles situés dans les rues pourvues d'égouts publics seront tenus d'écouler souterrainement et directement à l'égout les matières solides et liquides de ces immeubles. Il est accordé un délai de trois ans pour les transformations à effectuer dans les maisons anciennes. » Cette fois, le couperet était tombé au ras de la poche-portefeuille et l'article suivant causa aussi beaucoup d'émoi sous les suspensions des maisons bourgeoises : « La Ville de Paris est autorisée à percevoir des propriétaires des constructions riveraines des voies pourvues d'égouts pour l'évacuation directe des cabinets une taxe annuelle de vidange qui sera assise sur le revenu net imposable des immeubles. » La loi fut complétée par un arrêté préfectoral du 8 août : il fixait le nombre de cabinets dans les immeubles à construire, l'emploi des systèmes approuvés par l'administration, le comblement des fosses après désinfection.

C'en était trop pour les Vautours qui s'élevèrent aussitôt avec la dernière énergie contre ces dispositions liberticides. La Chambre syndicale des propriétés immobilières de la ville de Paris, qui ne regroupait que 2 000 adhérents au début de sa campagne, en alignait 10 000 en 1900. Elle présenta trois recours successifs au Conseil d'Etat contre le préfet de la Seine accusé d'excès de pouvoir dans ses arrêtés au sujet de l'exécution de la loi. Un seul fut annulé, celui cité plus haut [11].

Les propriétaires tinrent de nombreuses réunions publiques dans les salons du *Grand Hôtel* et de l'*Olympia*. Leur président, M. Boucher d'Argis, déclara que la Ville de Paris voulait « sinon guillotiner les propriétaires, au moins leur couper la tête à la hauteur de la poche ». Une fois de plus, l'intimité familiale serait violée, car les canaux du tout-à-l'égout, de l'eau et du gaz étaient autant de voies publiques par où s'introduisaient sans vergogne les agents de l'administration armés de leurs règlements. C'était au moyen de ces procédés insidieux qu'on se retrouvait un jour en plein socialisme.

Quelques mois avant le vote de la loi, en avril 1894, pour exécuter un vœu du Congrès international d'hygiène tenu à Paris à l'occasion de l'Exposition de 1889 et où le souvenir de Durand-Claye, mort l'année précédente, fut plusieurs fois évoqué, un monument à sa mémoire avait été élevé à l'extrémité de la conduite établie par ses soins pour amener les eaux d'égout au premier champ d'épuration de Paris. Toute sa courte carrière — il était né en 1841 —, cet ingénieur l'avait vouée à la solution du problème de l'assainissement des villes. Engagé sous Belgrand, il débuta ensuite avec Mille. En vingt années de luttes, il sut s'allier la municipalité parisienne, multiplia mémoires et brochures, se rendit dans les principales villes d'Europe où on l'appelait en consultation, participa à tous les congrès d'hygiène [12]. Dans le discours qu'il prononça, Poubelle sut dégager le sens profond de son œuvre : « Durand-Claye appliqua ses talents d'ingénieur à transformer ces déplorables demeures, à relever les hommes qui y croupissent, et à leur donner, avec le sentiment de la propreté, qu'on appelle une demi-vertu, le commencement du sentiment de la dignité personnelle sans lequel il n'y a pas d'homme, il n'y a pas de citoyen. »

---

11. Emile TRÉHU, *Des pouvoirs de la municipalité parisienne en matière d'assainissement*, 1905.

12. DURAND-CLAYE n'a pas encore le biographe qu'il mérite. On doit se contenter de la notice contenue dans le *Dictionnaire de biographie française*, t. XII, 1970.

C'est pourtant au sujet de ce militant social et de son œuvre que des plumitifs hallucinés — ou stipendiés — écrivirent des niaiseries destinées à égarer l'opinion publique dans tous les milieux. Dans *Le Petit Journal*, publication populaire s'il en fut, un certain « Jean sans Terre » multiplia les articles les plus haineux contre le tout-à-l'égout et ses promoteurs. Un exemple, pour donner le ton du personnage : « Durand-Claye, l'ingénieur promoteur du tout-à-l'égout et à la Seine, est mort. On ne peut donc pas demander qu'on le fusille. Mais, franchement, aux jours sombres des révolutions, la colère populaire a lynché des hommes qui n'étaient que de petits criminels à côté de ceux qui ont fait à Paris une semblable honte. »

Même *L'Economiste français*, le journal de Paul Leroy-Beaulieu, l'un des penseurs les plus éclairés de la bourgeoisie française fin de siècle — mais aussi l'un des plus intransigeants quant au principe de propriété, « tout aussi sacré que celui de virginité » —, pouvait laisser écrire par l'un de ses meilleurs rédacteurs, Ernest Brelay, en octobre 1896, les lignes suivantes : « Le tout-à-l'égout (...) pour les plus clairvoyants est comme une blessure béante aux flancs de la ville de Paris, par où sortent à flots — avec ses intestins — son honneur, ses finances, la santé de ses habitants et celle des riverains extérieurs du fleuve qu'elle souille de sa fange infestée. »

La résistance des Vautours

Le troisième Congrès de la propriété bâtie de France (1897) revint naturellement sur le sujet du jour. Car l'avenir était effrayant pour les Parisiens : « Ce réseau d'égouts, lorsqu'il recevra les eaux ménagères et les déjections alvines de 90 000 maisons, ne formera-t-il pas une fosse unique et gigantesque, régnant sur la superficie entière de la capitale et répandant l'infection par des milliers de bouches ? » En conséquence, le Congrès se prononça à l'unanimité contre le tout-à-l'égout, dont il y avait lieu de suspendre immédiatement l'application.

En attendant, les Vautours pratiquent avec succès la résistance passive, ce que constatent amèrement les membres des commissions d'hygiène et de salubrité. La transformation des cabinets est toujours indéfiniment reculée et présentée comme prochaine au passage de l'enquêteur. En 1904, dans le XIe arrondissement — peuplé de prolétaires —, sur 11 240 chutes d'aisances, on en compte seulement 2 144 se rendant à l'égout. Dix années se sont pourtant écoulées depuis le vote de la loi et les propriétaires disposaient de trois ans pour se mettre en règle...

Une rare enquête, présentée au premier Congrès international d'assainissement et de salubrité de l'habitation — Collège de France, novembre 1904 — par le Dr Boureille, livre d'exactes précisions sur la situation des immeubles populaires vis-à-vis de l'eau et des W.-C. Dans ce cas précis, il s'agit de logements habités chacun au moins par un tuberculeux et visités par l'assistant social du dispensaire du boulevard Garibaldi, dans le XIVe arrondissement. Pour ces 163 appartements, l'eau potable à l'intérieur du logement se rencontre 38 fois ; sur le palier, dans l'escalier ou au rez-de-chaussée, 120 fois ; sans eau, 8 fois. Quant au branchement sur le tout-à-l'égout, il manque dans 114 cas. La statistique des W.-C. ne correspond pas encore au souhait du Dr Napias :

33 dans le logement ;
132 sur le palier, dans l'escalier, au rez-de-chaussée ;
4 sans W.-C.

Les propriétaires parisiens ne sont donc pas encore vraiment acquis à la cause de l'hygiène, bien qu'une nouvelle loi, celle du 15 février 1902 relative à la protection de la santé publique, ait encore tenté de les entraîner dans le sens du progrès. Selon les Vautours, ce n'était qu'un prétexte pour s'attaquer à la liberté de construire en exigeant que « dans toute maison, il y aurait, par appartement, à partir de trois pièces habitables (non compris la cuisine), un cabinet d'aisances installé dans un local éclairé et aéré directement. »

Il y eut bientôt pire : l'arrêté préfectoral du 22 juin 1904 précisait que les W.-C. devaient avoir, au minimum, 1 m de largeur, 1,20 m de longueur, 2,60 m de haut [14]. Un fonctionnaire se permettait de définir des normes architecturales ! Fixerait-il aussi bientôt les dimensions du salon ? Il fallait s'opposer à ces stupidités, et on décida de résister passivement, comme on le faisait pour le tout-à-l'égout : au 31 décembre 1910, le nombre des maisons de Paris pratiquant l'écoulement direct s'élevait à 48 450. Il en restait 36 550 à équiper, la plupart du temps des habitations ouvrières. Ce n'était pas celles qui rapportaient le moins à leurs propriétaires, Adeline Daumard l'a démontré, car ils y réduisaient au minimum les frais d'entretien [15].

Si, à Paris, on pouvait impunément braver les règlements d'hygiène, que dire de la banlieue, véritable Far West abandonné durant des décennies à tous les délires incontrôlés de « l'initiative individuelle ». Le scandale des lotissements s'annonce. De vastes propriétés sont dépecées par de hardis spéculateurs qui se contentent de les revendre — avec un énorme bénéfice — en parcelles nues, sans aucun programme d'aménagement, pas même la plus élémentaire viabilité. Parler ici du tout-à-l'égout n'a aucun sens. Dans ces contrées lointaines, le luxe suprême des cabinets consiste en futailles enfouies dans la terre ou en trous maçonnés de pierres sèches qui laissent filtrer les eaux-vannes dans le sol et corrompent ainsi les nappes d'eau alimentant les puits, justement dans les campagnes où ils sont indispensables.

On comprendra aisément que les propriétaires de pavillons, quand il leur restait quelques disponibilités financières, aient été séduits par les vidangeuses automatiques de Mouras, le système Bezault, la fosse Simplex, la tinette Oget ou l'appareil Lucas. Dans les années 1905, l'emploi de fosses prétendument septiques tend à se généraliser dans les départements de la Seine et de la Seine-et-Oise [16]. Une commission d'experts

14. Emile GUILLOT, *La Maison salubre*, 1914.

15. *Maisons de Paris et propriétaires parisiens au XIXe siècle (1809-1880)*, Paris, Editions Cujas, 1965, 285 p.

16. Paul VINCEY, *L'Assainissement de la Seine et les Champs d'épandage de la ville de Paris*, 1910.

— Calmette, Laveran, Roux — est nommée pour examiner les différents types proposés et Calmette ne mâche pas ses mots. Certes, un grand nombre de municipalités et de particuliers ont été abusés par d'habiles réclames. Car la fosse septique ne purifie rien du tout, ce n'est qu'un simple organe de décantation, préalable à la filtration bactérienne. Mais l'adoption de ces dispositifs est devenue également un moyen de résister aux injonctions de la loi ou des arrêtés municipaux.

Les travaux de la Commission aboutirent à l'ordonnance du 1er juin 1910. Elle interdisait de mettre en service, dans les communes du département de la Seine, des appareils pour l'évacuation des matières fécales dits « fosses septiques », dont le type n'aurait pas fait l'objet d'un certificat de vérification. L'appareil de Barbas et Valas l'obtint l'année suivante, d'autres aussi sans doute, une toute petite minorité dans l'ensemble des modèles proposés. Ce nonobstant, il y eut encore de beaux jours pour les « petits » fabricants doués d'initiative, même en contradiction avec les découvertes des hygiénistes ; nous les reverrons bientôt à l'œuvre.

Reste que l'esprit hygiéniste animait de plus en plus une nouvelle génération d'hommes politiques très ouverts au progrès scientifique qu'ils liaient étroitement à l'épanouissement de la démocratie. Dès avant 1914, la « défense sanitaire » s'imposait comme aussi importante que la « défense nationale », dont elle devenait inséparable. C'est ainsi qu'il faut entendre une déclaration de Léon Bourgeois, le prophète du solidarisme et l'un des politiciens les plus importants de la IIIe République radicale : « Les mesures sanitaires sont conformes à la justice, car elles ne sont appliquées à un citoyen qu'autant qu'elles sont nécessaires pour défendre contre lui la santé et la vie des autres citoyens. Elles sont conformes aux principes de la démocratie républicaine, car elles profitent avant tout aux petits, aux faibles et aux malheureux. Elles répondent enfin aux nécessités du patriotisme, car elles ont pour but et pour effet de conserver et d'accroître ce capital humain dont la moindre parcelle ne peut être perdue sans une atteinte à la sécurité nationale et à la grandeur de la patrie. »

8

Vespasiennes et chalets de Paris

Plusieurs milliers d'édicules !

La République est proclamée le 4 septembre 1870. Certains éléments de la population parisienne durent interpréter cet événement comme le prélude à une liberté totale, car ils recommencèrent — avaient-ils vraiment jamais cessé ? — à uriner sur les trottoirs, le long des maisons et des bâtiments publics ; les quais de la Seine furent de nouveau infectés, une odeur insupportable montait jusqu'aux voies bordant le fleuve. Devant ces excès, le préfet de police dut rappeler, le 23, que les exonérations en dehors des lieux prévus à cet effet demeuraient toujours interdites, malgré la chute du second Empire.

Le professeur A. Chevallier, dès les premiers pas du régime républicain, insiste sur la nécessité de multiplier et d'améliorer les urinoirs de nos rues [1]. L'impossibilité de se satisfaire quand le besoin presse peut occasionner les plus graves accidents, les médecins le savent depuis l'Antiquité. C'est justement à cette cause que dut être attribuée, il y a quelques années, la mort d'un des membres du Conseil de salubrité de Paris, le Dr J.

A cette époque, où un grand vent de liberté souffle en rafales, l'initiative privée se montre parfois très imaginative. Par exemple, les publicitaires ne manquent pas d'idées. Chauds

1. *Annales d'hygiène publique et de médecine légale*, 1871.

partisans de l'affichage en faveur de toutes sortes de produits, ils ne cessent de lorgner vers les édicules de nécessité dont le nombre pourrait se multiplier grâce à des concessionnaires qui s'empressent de soumettre leurs projets au conseil municipal.

« En 1873, un ensemble de vespasiennes à construire est adjugé par la Ville : quatorze urinoirs à deux stalles seront édifiés par M. Coulon, tandis que M. Victor Martin se voit adjuger l'établissement de soixante-deux urinoirs à six stalles et de soixante-quatre adossés à des murs formant encoignures en retrait et variant de dimensions. Tous ces édicules seront munis de candélabres d'éclairage [2]. » De même, ceux pour lesquels soumissionne un nommé Frappart, en 1876, ce qui fait écrire à un journaliste : « la lumière de ces urinoirs va troubler plus d'un de ces hommes noirs amis de l'ombre, du mystère et des jeunes gens ». Heureusement, la police a toujours un œil sur ces endroits de rendez-vous ; c'est pourquoi elle est réticente aux demandes d'écrans qui font obstacle à la surveillance formulées par des personnalités redoutant les attentats à la pudeur.

En 1877, le journal *L'Ordre*, dans son numéro du 26 juin, annonce que « la démolition des colonnes Rambuteau, qui doivent être remplacées par des loges à deux compartiments, vient de commencer sur la ligne des boulevards, de la Madeleine à la Bastille. » Vont leur succéder une batterie de modèles d'une surprenante diversité. Evoquons spécialement le grand classique — il aura duré plus de cent ans —, l'urinoir en fonte à deux stalles affrontées, œuvre de l'architecte Demouza, sans doute un ancien bon sujet de l'Ecole des beaux-arts de Paris. Ses côtés, entre deux colonnes creuses surmontées d'un chapiteau, comportent des panneaux destinés à l'affichage. Il est équipé de portes en bois très lourdes, dans l'intention d'obliger les usagers à s'introduire entièrement dans la loge. Ces accès disparurent au début du XXe siècle pour être remplacés par un écran métallique fixe, scandé au sommet de petites ouvertures carrées. Sur les boulevards, on remarquait l'urinoir à trois stalles,

2. Marie de THÉZY, *Histoire du mobilier urbain parisien du second Empire à nos jours, op. cit.*

avec resserre à outils pour les employés de la voirie. Deux modèles géants contenaient cinq et six places. Comme tous les autres, ils étaient surmontés de candélabres à gaz.

La pose d'une vespasienne — le terme de « rambuteau » ne passera pas, comme celui de « poubelle », dans l'usage courant — se révélera très vite, dès les premières années de la IIIe République, comme un véritable enjeu électoral. Jusqu'en 1914, au moins, les habitants de tous les quartiers de Paris — y compris ceux des arrondissements « chics » — pétitionneront pour en obtenir, et les plus hautes personnalités ne dédaigneront pas de les appuyer. Aussi bien Gustave Mesureur — futur directeur de l'Assistance publique —, Paul Strauss, l'une des têtes pensantes du parti radical, l'ex-communard Jules Joffrin, premier représentant du socialisme à l'hôtel de ville de Paris, Edouard Vaillant que d'autres conseillers municipaux plus obscurs indiquent des emplacements précis, sans doute communiqués par leurs partisans.

Leur nouvel aspect ne satisfait pas tout le monde, comme en témoigne l'indignation de l'ingénieur Wazon [3] : « Avec les blindages crénelés qui les entourent, on est arrivé à en faire des monuments trop volumineux et attirant ainsi l'attention d'une façon malheureuse. A ce point de vue, nous avons peine à comprendre comment on a pu faire de deux monuments de ce genre le plus bel ornement central de la place du Théâtre-Français, et cela à deux pas des charmantes fontaines dues à l'habile architecte Davioud. » En revanche, un peu plus haut, vers l'Opéra, c'est le désert, « ce qui porte les passants à uriner tout autour de ce luxueux monument », guère favorisé d'ailleurs sur ce point, nous l'avons déjà souligné, ainsi que l'ensemble des théâtres parisiens [4].

Les bords de la Seine — entre le pont National et le Point-du-Jour mais aussi dans l'île de la Cité — continuent à être empuantis par des latrines à la turque, créées à l'origine pour

---

3. A. WAZON, *Principes techniques d'assainissement, op. cit.*
4. César DALY et Gabriel DAVIOUD, *Les Théâtres de la place du Châtelet*, 1876. On aperçoit quelques stalles sur le plan, mais les auteurs sont muets sur cet ignoble sujet.

le personnel ouvrier du port et servant en réalité à tout le monde. Au nombre de 248 et encastrées dans les murs des quais, elles sont entretenues et vidangées par les services de la Ville : ils s'inquiètent des conciliabules louches qui s'y tiennent. Dans les années 1890, le conseil municipal a l'intention de les faire disparaître.

On aurait aimé savoir si les pouvoirs publics avaient pensé à l'équipement du bois de Boulogne, depuis toujours terrain de chasse d'une faune à l'affût, mais aussi merveilleux but de promenade pour les mères de famille — et les nurses — des charmants bambins du quartier de l'Etoile et de Passy. Le discret Davioud n'a pas cru devoir en parler dans l'ouvrage qu'il a publié sur les constructions dont il avait parsemé cet ensemble unique [5]. Son génie aurait pourtant pu trouver ici un point d'application aussi réussi que dans les cinq types de maisons de gardiens relevant du genre néogothique...

Les pétitions et les interventions en faveur de l'installation de vespasiennes ne laissent d'ailleurs pas d'agacer certains membres du conseil municipal. Car il arrive souvent que ceux-là mêmes — surtout des commerçants — qui en avaient demandé l'établissement insistent, au bout de quelque temps, pour obtenir leur déplacement. Il se déroulerait, en effet, dans ces abris, des « horreurs » que les bons bourgeois n'avaient pas prévues. Dès 1892, le Dr Paul Brousse, leader des socialistes possibilistes, appuyé par Edouard Vaillant, demande l'essai de vespasiennes souterraines, comme à Londres, beaucoup plus facilement surveillables. Le conseiller Fortin précisera qu'on peut obtenir un prix de construction abordable en utilisant les nouveaux matériaux, fer, ciment armé et céramique.

L'annuaire statistique de la Ville de Paris, indispensable pour la moindre étude sur la capitale, fournit de précieux renseignements sur le nombre de cases d'aisances disponibles à la fin du XIXe siècle :

5. *Le Bois de Boulogne architectural*, 1875.

1883 : 3 539
1890 : 3 566
1895 : 3 694
1900 : 3 290
1904 : 3 986

Le total dépassera plus tard 4 000, sans compter les loges des chalets de nécessité dont nous allons parler. A la fin du siècle, il reste encore quelques colonnes Rambuteau dans le XIXe arrondissement. Malheureusement, personne ne se souciera d'en réserver une pour le musée Carnavalet et leur souvenir n'est conservé que dans les photographies de Marville.

Toujours préoccupés du gaspillage de l'eau, certains hygiénistes s'intéressent aux urinoirs à huile [6], imaginés en 1883 par Emile Ritter. On peut en effet substituer au lavage en nappe la lubrification des dalles d'ardoises ou de ciment à l'aide d'un corps gras rendant impossible l'adhérence de l'urine et la formation d'incrustations. Ce système a été expérimenté avec succès à Berlin et à Vienne. Le poids du visiteur fait jouer un mécanisme qui provoque, avant et pendant la miction, une irrigation d'huile formant une pellicule infranchissable par l'urine. Des pissoirs fonctionnant de cette façon furent effectivement mis en service à Paris, et ils subsistèrent jusqu'au-delà de la Seconde Guerre mondiale. Ils dégageaient une odeur curieuse qui l'emportait sur celle de l'ammoniaque.

Passé 1900, le spectacle des vespasiennes commence à irriter fortement des natures sensibles qui souhaiteraient en débarrasser la voie publique. Ainsi, Jules Armengaud, ingénieur et ancien conseiller municipal, qui se prononce en faveur de la solution souterraine : celle-ci vient justement d'être adoptée pour la construction du métro, après un long débat avec les partisans des lignes aériennes.

Armengaud écrit : « De même que la foule appelle la foule, la vue de ces édicules est une invitation suggestive qui finit par créer une habitude pour les Parisiens (...). Les vespasiennes offrent un spectacle répugnant, principalement lorsqu'elles se

6. *Revue d'hygiène et de police sanitaire*, 1896.

trouvent placées en face d'un café, d'un restaurant ou d'un théâtre. Pendant les entractes, on voit les spectateurs se ruer comme sur une proie dans les mêmes directions. On pourrait très bien supprimer une partie de ces pavillons métalliques en invitant les propriétaires des cafés et les directeurs de théâtres à faire agencer d'une façon plus spacieuse le *buen retiro* de leurs établissements.

« Déjà l'administration a commencé, et on doit l'en féliciter, à enlever quelques-uns de ces édicules, sur la demande et aux frais des restaurateurs en face desquels ils étaient placés. Mais le but qu'il faut atteindre au double point de vue de l'hygiène et de la décence est leur suppression complète. La Ville pourrait s'entendre à ce sujet avec la Société des chalets de nécessité qui conserverait son privilège mais qui, alors, devrait remplacer tous les chalets qu'elle a installés au-dessus du sol par des refuges souterrains, à l'instar des cryptes en rotonde de certains quartiers de Londres [7]. »

A la veille de la Première Guerre mondiale, le conseiller Adolphe Chérioux fait le point au sujet des petits édicules de toute nature installés sur les voies publiques parisiennes [8]. En dehors de cent douze chalets de nécessité — dont il indique les emplacements — Chérioux distingue trois séries de vespasiennes :

• Les urinoirs lumineux à deux et trois stalles de la Société parisienne de publicité — sa concession expire en 1920 —, au nombre de 806 ;
• Les urinoirs à deux stalles en fonte de la Ville de Paris, 398, dont la publicité est concédée à une société ;
• Les urinoirs isolés et adossés en ardoise, appartenant aussi à la Ville, 415, dont la publicité est également concédée.

Mais il est temps d'évoquer les fameux chalets puisque, si l'on en croit Alphonse Allais [9], « dans un sens particulier, dans le sens chalet, Paris est une véritable petite Suisse. Il est

7. *Nettoyons Paris*, 1907.
8. Conseil municipal de Paris, Rapport n° 36, 1911.
9. *A se tordre*, 1891.

vrai — oh ! le beau triomphe que de casser l'aile aux rêves ! —, il est vrai qu'au gentil mot de chalet, le langage administratif ajoute ''de nécessité''. Qu'importe, ô Helvétie ! »

Décence du chalet

Comme nous l'avons déjà relaté, rien n'avait été prévu par les services municipaux pour accorder au sexe féminin les mêmes facilités qu'aux hommes. Une femme convenable devait savoir se retenir, ce principe faisait partie de le « bonne éducation » dispensée dans les pensionnats du XIXe siècle. Quant aux personnes du commun... La longueur des jupes facilitait les choses, surtout grâce au pantalon fendu...

De toute manière, les dames ayant des moyens pouvaient, depuis le second Empire, accéder à quelques lieux *ad hoc*. Place Saint-Sulpice, en 1865, il existe des « cabinets inodores à cinq centimes ». Place de la Madeleine, un quartier chic, Marville a photographié, la même année, des « water-closets à quinze centimes » — trois sous, une somme ! — sous la forme d'un gracieux édifice au toit surmonté d'un clocheton rompant l'épi de faîtage et orné de mascarons. Toutefois, le sommet du luxe semble atteint dans un *tempietto* néoclassique — signé par l'architecte Emile Gaudrier ! — abrité dans les jardins des Champs-Elysées en 1874. Il a été construit en pierre de Paris et son avant-corps est surmonté d'un fronton triangulaire sommé d'une palmette. La publicité a été judicieusement répartie sur les côtés divisés chacun en cinq arcades aveugles, donc dix emplacements au total. C'est un « chef-d'œuvre » parfaitement représentatif de l'enseignement donné alors à l'Ecole des beaux-arts de Paris.

« Le 23 juillet 1872, le conseil municipal accordait à un certain Dorion, pour vingt ans, la concession de six chalets de nécessité et de toilette situés au marché aux fleurs de la Cité, sur les places de la Madeleine et de la Bourse, avenue des Champs-Elysées, boulevard Saint-Germain et aux Halles. Comme à l'accoutumée, tous les frais d'entretien, réparations, éclairage, étaient à la charge de l'adjudicataire qui devait, en outre, verser à la caisse municipale une redevance annuelle [10]. » Dès l'année suivante, on parle d'une nouvelle fournée de cinquante chalets, dont chacun rapporterait 540 francs par an à la Ville pour frais d'emplacement. En 1879, l'enchère est passée à cent, enlevés par M. Béranger qui confie les travaux à l'architecte Jeannot. Or rien ne s'annonce sur le terrain et la Ville entame une procédure de référé.

Il faut toujours se contenter des six chalets de Dorion, entrepreneur sérieux qui a tenu sa promesse. Un ingénieur, justement indigné de ce retard inadmissible, se fait alors le porte-parole des femmes [11] : « Quand donc, écrit-il, pensera-t-on à faire pour le sexe faible en France ce qu'on crée partout pour le roi de la création ? Quand donc nos malheureuses compagnes pourront-elles satisfaire au besoin de la nature le plus criant et le plus impérieux de tous ? Espérons que tous nos conseillers municipaux sont mariés, chargés de famille, et qu'à l'appel des leurs, ils ne tarderont pas à voter une mesure aussi humaine, aussi utile que celle d'établir dans nos rues de Paris des W.-C., non plus exclusivement à l'usage des hommes, mais aux deux sexes. »

Certes, lui répondront quelques conseillers — dix ans plus tard... —, et pourquoi ne seraient-ils pas, comme pour les hommes, absolument gratuits ? Le 11 mai 1891, ils parlent clair devant l'assemblée municipale, le procès-verbal de la séance l'atteste : « Que si un certain nombre de femmes peuvent se donner le luxe d'entrer dans les chalets de nécessité, celles qui ne le peuvent pas n'en sont pas moins soumises aux mêmes exigences ;

« Que si ces dernières, prises d'un besoin pressant, que la nature les met dans l'absolue nécessité de satisfaire, n'observent pas strictement les prescriptions de l'ordonnance du 23 février 1850, elles ne commettent pas nécessairement pour cela une contravention (...) ;

« L'administration est donc invitée à faire au Conseil des

---

10. Marie de THÉZY, *op. cit.*
11. Jules BRUNFAUT, *Les Odeurs de Paris*, 1882.

propositions pour construire sur la voie publique des édicules de nécessité gratuits destinés aux femmes. »

Les noms de ces édiles féministes mériteraient d'être gravés dans la pierre ou dans l'ardoise... La discussion reprend : en 1893, un sieur Doriot, spécialiste qui a déjà fourni plusieurs villes de province (?), propose une sorte de colonne à deux stalles protégée par une avancée où se tiendrait la gardienne, marchande de fleurs ou de petits objets. « Doriot et Caron » demande l'autorisation d'en établir cent à ses frais, moyennant le produit de la publicité — concession de vingt-cinq ans — et la fourniture gratuite de l'eau et du gaz. Ces édicules new-look n'auront aucune ressemblance avec leurs prédécesseurs. Le sol sera en mosaïque, la cuvette à système hydraulique et siphon en porcelaine, le siège en acajou ; deux ventilateurs assureront l'aération.

L'exonération gratuite, dans un tel cadre, aurait dû emporter l'adhésion de tous les progressistes. Mais les défenseurs de la moralité publique en profitèrent pour s'agiter : au moindre frôlement, ils brandissaient le Code pénal. A cette époque, le sénateur Bérenger dirige, d'une main ferme, la Ligue pour la décence des rues. C'est pourquoi un conseiller s'inquiéta tout de suite de ce qu'il subodorait d'immoral dans ce projet faussement anodin. Il y aurait en effet un grand danger à laisser vendre des fleurs dans ces édicules. Car il ne serait pas interdit aux hommes de les acheter, de stationner, de faire mine d'examiner la marchandise... Les gardiennes pourraient servir d'entremetteuses... Déjà, les chalets mixtes s'attiraient des remarques défavorables. Un conseiller, fin connaisseur de la psychologie féminine, énoncera doctement : « Dans les couloirs toujours trop étroits, les deux sexes se coudoient, non sans quelques froissements qui ne manquent pas de choquer le sentiment très naturel et très légitime de la pudeur féminine. »

Comme en ces temps tout proches les experts en pudeur sont généralement des hommes — pas une seule fois les femmes n'ont été consultées sur la question des W.-C. publics —, l'affaire échoua et les années passèrent. En 1901, un rapport au conseil municipal — après un voyage en Grande-Bretagne pour y étudier le traitement des ordures ménagères — formule une nouvelle fois la demande d'installation de « galeries souterraines de nécessité ». Les travaux de métro éventrent Paris depuis deux ans, et il y a là une belle occasion à ne pas manquer. Elle le sera. Les ingénieurs spécialisés dans les constructions ferroviaires ne sont vraiment intéressés que par les problèmes de traction : ils se préoccupent très peu de ce qu'ils transportent, matériel humain et animal.

Le début du XXᵉ siècle sera quand même marqué par une date historique à Paris. Le 1ᵉʳ février 1905, la Société des lavatories souterrains ouvre, sous le marché aux fleurs de la place de la Madeleine, un véritable hall de nécessité, une salle rectangulaire de 165 m^2 avec 3,40 m de hauteur sous plafond. Vingt-deux stalles d'urinoirs pour hommes, en grès porcelaine, à chasse automatique, treize W.-C., un cabinet de toilette. Pour les dames, quatorze W.-C., quatre cabinets de toilette avec bidet. Les revêtements sont en brique émaillée blanche, le matériau à la mode, le carrelage en grès, les boiseries en acajou massif, les conduites apparentes en cuivre. L'éclairage est assuré, soit par les dalles en verre armé du plafond, soit par des lampes électriques ; il existe naturellement un dispositif de ventilation.

Une clientèle choisie est attendue. Si près de l'Agence *Cook*, du magasin des Trois Quartiers et du joaillier Fouquet, entre autres, elle ne manquera pas. Les tarifs ont donc été modulés en conséquence, en fonction des exigences d'une clientèle raffinée : 0,10 F, W.-C. simple ; 0,15 F, W.-C. avec toilette ; 0,20 F, avec glace et toilette à eau chaude ; urinoir, 0,10 F. Ce palais, réalisé soigneusement par les établissements Porcher, fonctionne de sept heures du matin à minuit. Il est entretenu et surveillé par trois gardiens pour le côté des hommes et trois gardiennes pour celui des femmes. D'autres galeries du même genre fonctionneront bientôt avenue Victoria, boulevard de Bonne-Nouvelle et place de la Bastille. Elles réservent toujours une place gratuite, mais qui le sait ?

Pour les « moralistes » et les hygiénistes — à cette époque, ils portent souvent le même chapeau haut de forme — la solution souterraine, malgré les effrayants dangers de la mixité, était de beaucoup la meilleure, tant à cause des possibilités de surveillance discrète que du désencombrement et de la salubrité de la voie publique. Les mares d'urine stagnante, gênantes pour l'odorat, favorisaient aussi les honteuses pratiques des pervers, comme en témoigne le Dr Gallus [12]. Un interne des hôpitaux de Paris lui a raconté avoir vu un noble vieillard qui pénétrait chaque jour dans une vespasienne du quartier de la Madeleine et en ressortait muni d'un paquet qu'il ne portait pas à son entrée dans l'édicule. Au dire des agents qui le connaissaient très bien, ce masochiste venait de retirer un pain qu'il avait soumis à une certaine macération...

Un ancien chef de la Sûreté [13] a dénoncé les exploits d'un homosexuel maître chanteur surnommé Bec-de-Gaz parce qu'il avait la spécialité d'éteindre les lumières dans les endroits où il opérait, justement les vespasiennes. Se donnant pour un inspecteur de la police des mœurs, il exploitait avec succès la crédulité de certains utilisateurs des édicules. Cette pratique a été attestée pendant tout le XIXe siècle et elle subsista longtemps, malgré de fréquentes mises en garde. G. Macé conseille donc de se méfier, la nuit, de quelques emplacements qu'il désigne, les Champs-Elysées, l'esplanade des Invalides, le boulevard Bourdon et le chevet des églises. Si, dans les cloisons, on aperçoit des trous, il faut décamper au plus vite avant qu'un voisin de cellule ne vous passe, « par ces étroites et rondes ouvertures, sa singulière carte de visite ».

Quant aux facilités de circulation sur le trottoir, ce fut le problème permanent de l'administration parisienne depuis Haussmann, car la Ville trouvait évidemment son bénéfice à la concession des emplacements. Les kiosques, surtout, ont suscité, avec raison, la verve des journalistes : « Kiosques carrés, kiosques ronds, kiosques ovales, kiosques pour tous les objets, kiosques abandonnés faute de locataires, kiosques de fleuristes débordant sur le trottoir, kiosques pour bars, kiosques pour le

12. *L'Amour chez les dégénérés*, 1905.
13. G. Macé, *Mes lundis en prison*, 1889.

plaisir d'être kiosques, puisqu'ils sont fermés depuis leur naissance (...). Le passant, rejeté par tant de kiosques et d'édicules vers le haut des trottoirs, est refoulé vers eux par les terrasses de café gagnant tous les jours du terrain, au point qu'on se demande pourquoi il y a un intérieur, par les étalages des magasins devenus de véritables comptoirs de vente avec tout un personnel de commis des deux sexes[14]. »

Bientôt, à ce trop abondant matériel, on ajoutera des distributeurs d'essence. L'odeur que leur produit dégage viendra enrichir l'atmosphère parisienne d'une nouvelle composante en remplaçant le parfum du crottin de cheval, mais elle ne l'emportera pas sur les effluves ammoniaqués des vespasiennes...

Se retenir en chemin de fer !

La difficulté, pour la classe bourgeoise française, au XIXe siècle, à tenir compte des exigences de la nature humaine, congrûment démontrée par la façon irrationnelle et désordonnée dont fut traitée la question des commodités publiques et privées, s'affirma derechef quand il s'agit de régler le même problème dans les chemins de fer. Dans son *Journal*[15], Edmond de Goncourt écrit les lignes suivantes : « Aujourd'hui, nous partons, Daudet, Zola, Charpentier et moi, pour aller dîner et coucher chez Flaubert à Croisset (...). Le bonheur de Zola est troublé par une grande préoccupation, la préoccupation de savoir s'il pourra, en ce train rapide, pisser à Paris, à Mantes, à Vernon. Le nombre de fois que l'auteur de *Nana* pisse ou du moins tente de pisser est inimaginable. »

Le malheureux écrivain ne devait pas être la seule personne, en 1880, à se tourmenter au sujet de sa vessie. Les compagnies de chemins de fer mirent longtemps à accepter la création de W.-C. dans les voitures. L'ordonnance royale du 15 novembre 1846, portant règlement d'administration publique sur la

14. *La Paix*, 17 janvier 1891.
15. T. III, dimanche de Pâques. 1880.

police, la sûreté et l'exploitation des chemins de fer, est muette sur ce point.

Avant de partir en voyage, il fallait sans doute chapitrer les enfants, et la discipline de la rétention prenait alors tout son sens. Même un médecin, dans l'un des premiers ouvrages concernant l'hygiène des trains, pouvait faire de l'angélisme en ne soufflant mot de ce qui attendait le voyageur incontinent ou diarrhéique [16]. Il est bien connu, comme le chantait un poète du cabaret Le Chat noir, que la trépidation excitante des trains nous donne des désirs dans la moelle des reins. Mais elle provoque aussi des envies normalement plus faciles à satisfaire.

Or, au début de l'exploitation, les voitures destinées aux voyageurs, de type anglais, étaient divisées en un certain nombre de compartiments, séparés les uns des autres par des cloisons transversales : on y accédait par des portières placées sur les parois longitudinales des véhicules. Dans ces voitures, il était impossible de circuler. Il fallait donc, aux arrêts, bondir dans la voiture de première classe qui possédait un cabinet accessible à tous les voyageurs, avec un compartiment d'attente [17]. Toutefois, ce dispositif n'existait que sur certains trains express et rapides.

Dans la dernière décennie du XIXe siècle, on commence à voir apparaître la voiture de type américain — déclarée longtemps « impossible chez nous » — avec un couloir longitudinal débouchant aux deux extrémités sur une plate-forme donnant accès aux compartiments. La Compagnie de l'Est se met au nouveau modèle — pour ses voitures de première — et installe les W.-C. au milieu, ce qui est admirable de décence. Un ingénieur ne manque pas de le noter, sans donner d'ailleurs aucun détail sur cette installation, alors qu'il parle d'abondance de l'éclairage et du chauffage. « La Compagnie de l'Est a pensé, écrit G. Humbert, avec beaucoup de raisons suivant nous, qu'un grand nombre de voyageurs hésiteront toujours à quitter

16. Dr de PIETRA SANTA, *Chemin de fer et santé publique, hygiène des voyageurs et des employés*, 1861.
17. Paul LANOIR, *Manuel pratique des voyageurs*, 1897.

la place qu'ils occupent dans un compartiment pour pénétrer immédiatement dans un W.-C. contigu ; une transition est nécessaire et elle est ici très heureusement offerte sous forme de promenade dans un couloir [18]. »

On ne saurait s'exprimer avec plus de délicatesse, mais *quid* des deuxième et des troisième classes ? En 1903, guère de progrès, assure le docteur Bénech [19], alors qu'à l'étranger les voitures de toutes classes ont leurs W.-C. La Compagnie du P.L.M. aurait lancé des voitures à couloir, mais elles sont en petit nombre. Nous manquons de détails sur les premières installations de W.-C., et ce n'est pas dans les nombreux ouvrages officiels ou officieux à la gloire du rail qu'il faut aller les chercher. Un médecin, en 1906 [20], signale des sièges destinés à la position assise. Selon lui, c'est une erreur hygiénique. Pour éviter les contacts suspects, rien ne vaut le bon vieux système à la turque avec, ici, des poignées pour s'accrocher, comme sur les navires.

Des voitures dépourvues de W.-C. circuleront en France jusqu'en 1939, sans que, semble-t-il, l'opinion en soit autrement émue, ce qui en dit long sur la persistance d'une certaine mentalité du « resserrement ».

Plaque émaillée dans un chalet de nécessité (coll. DEBUISSON*).*

18. *Traité complet des chemins de fer*, 2 vol., 1891.
19. *Hygiène des voyageurs en chemin de fer.*
20. Dr Henry THIERRY, *Hygiène des chemins de fer.*

9

Dans la douceur et la discrétion...

L'esprit d'Achères

L'hygiène publique ne doit pas être négligée en temps de guerre, il y va de la santé de l'arrière ! Le 5 septembre 1914, en vertu de la loi du 6 août constituant l'état de siège, le préfet de la Seine enjoint à tout propriétaire de faire procéder sans retard à la vidange de ses fosses : en cas d'inobservation de cette prescription, il pourra y être procédé d'office, aux frais, risques et périls des contrevenants. Excellente mesure, mais qui ne tient pas compte des difficultés financières occasionnées par la mobilisation générale des chefs de famille. Or certains vidangeurs refusent d'exécuter leur office si le prix du travail ne leur est pas immédiatement versé. A cause de son incidence sur la salubrité générale, cette question a son intérêt, reconnaît une circulaire préfectorale du 2 septembre. Il est donc à souhaiter que, lorsque les propriétaires sont absents ou les locataires dans l'impossibilité de faire l'avance, les communes prennent la dépense à leur charge, elles en demanderont le remboursement plus tard aux intéressés.

Il ne semble pas que ce problème ait provoqué de graves conflits dans une banlieue dont l'urbanisation sauvage commence à permettre toutes les aberrations en matière de ce que l'on ne désigne pas encore par le terme d'« environnement ». En se bornant à la question qui nous occupe, on peut remarquer l'extension du système des fosses septiques : une enquête, menée en 1920-1922 par le laboratoire municipal d'hygiène de la Ville de Paris, a donné, à cet égard, les résultats les plus édifiants. Depuis l'arrêté de 1910 et en pleine contravention avec lui, de nombreux propriétaires n'avaient pas déclaré leurs fosses en service ou en avaient fait établir sans autorisation par des entrepreneurs locaux bricolant des modèles improvisés.

2 000 fosses ayant été repérées, il en fut examiné 1 234. Sur ce total, exactement 12 — qui venaient d'être installées — répondaient aux normes officielles et 2 seulement livraient une épuration suffisante. Dans 167 cas, il avait été impossible aux enquêteurs de déterminer la catégorie à laquelle appartenaient ces engins, car ils étaient inaccessibles et leurs propriétaires ne possédaient aucun renseignement sur leur fonctionnement. Les autorités municipales restaient totalement indifférentes à ce problème. Une fois de plus, la preuve était apportée qu'il ne fallait pas compter sur les maires pour l'application de la moindre mesure d'hygiène générale.

D'importantes décisions devaient être prises par les assemblées départementales et elles le furent sans opposition. En 1929 et en 1930, le conseil général de la Seine approuva le projet d'assainissement du département et, en 1931, le conseil général de Seine-et-Oise décida de réaliser le sien en liaison avec celui de son voisin. Trois nouveaux émissaires assureraient le drainage des eaux usées et pluviales des communes vers les installations d'Achères. Ce programme était complété par des mesures tendant à la protection des rus et des petites rivières contre la pollution.

A Paris, le tout-à-l'égout finissait de se mettre en place, ce qui ne signifiait pas pour autant l'intégration des W.-C. à l'intérieur de chaque logement dans les immeubles habités par une population ouvrière : en 1939, Paris compte seize îlots insalubres — répertoriés par les services techniques de la Ville — qui « abritent » plus de 150 000 personnes. Dans les maisons dégradées de ces rues, impasses ou cités sinistres — récemment rasées — pouvaient se dérouler des drames sordides analogues à celui qu'a raconté James de Coquet [1] : il date de ces dernières années !

Deux retraités, voisins de palier, se partagent l'usage de la même commodité. Manque de chance : leurs tractus digestifs respectifs sont accordés comme deux stradivarius. Dès la fin du bulletin des informations de vingt heures, chaque organisme éprouve le besoin de s'exonérer. Le premier arrivé se barricade dans la place. L'un avec son journal, l'autre avec sa radio. Les invitations à se dépêcher, les injures, les coups de pied font la joie de l'assiégé. Les murs et la porte de l'isoloir se couvrent de graffiti où chacun vilipende la mentalité et le côlon de l'autre. Un jour, n'y tenant plus, à tous égards, l'un de ces paisibles veufs prend son fusil, enfonce la porte et tue son rival à bout portant.

Aucun risque pour de telles extrémités dans les habitations à bon marché de la Régie immobilière de la Ville de Paris, la ceinture en brique rouge des boulevards dits des Maréchaux : chaque logement de ces constructions sociales a comporté des W.-C. privés dès le début du programme, dans les années 1930.

De tels ensembles existent aussi en banlieue, Henri Sellier, le directeur de l'Office des H.B.M. de la Seine, y veille, mais ce territoire ne brille guère par la qualité de son bâti, tandis que sa population se montre assez marginale dans ses comportements. Louis-Ferdinand Céline, médecin dans plusieurs localités autour de Paris, n'a pas exagéré dans ses descriptions qui rejoignent de nombreux témoignages [2]. A propos de « ouaters », il s'entretient avec une concierge, la mère Cézanne, occupée à déboucher des cabinets à l'aide d'un « jonc trifouilleur » : « Je ne sais pas, dit cette brave femme, ce qu'ils mettent dedans, mais faudrait pas d'abord qu'elle sèche !... Je connais ça... Ils vous préviennent toujours trop tard !... Ils font exprès d'abord !... Où j'étais avant il a même fallu faire fondre un tuyau tellement que c'était dur !... Je ne sais pas ce qu'ils peuvent bouffer moi... C'est de la double !... »

---

1. *Le Figaro*, 22 décembre 1981.
2. *Voyage au bout de la nuit*, 1932.

La province suit très lentement. Pour ne choisir que les stations balnéaires normandes qui auraient pourtant dû se mettre les premières à l'heure de l'hygiène urbaine, les recherches de Gabriel Désert ont dévoilé des faits significatifs [3]. A Yport — près de Fécamp — en 1925, « les quelques mètres de quais qui limitent la place, ainsi que la jetée, sont le point choisi par la totalité des habitants pour le déversement des ordures ménagères et autres, y compris la tinette pour ceux qui ne possèdent pas de jardin. »

A propos de Langrune — près de Luc-sur-Mer — un rapport du Conseil supérieur d'hygiène indique : « Tout est à faire au point de vue de l'hygiène dans cette station où il n'existe que de l'eau provenant des puits, où les eaux usées, sauf dans de rares tronçons d'égouts, s'écoulent à ciel ouvert, où le contenu des fosses d'aisances s'infiltre dans le sol et où la plage est constamment souillée par ses déversements suspects. »

Même Trouville, en 1917, voit sa demande de classement comme station climatique rejetée pour deux raisons : alimentation d'eau potable en partie assurée par une source « qui doit être regardée comme impropre à la consommation », système d'évacuation des eaux usées notoirement insuffisant et imparfait.

D'autres régions s'affirment imperturbablement fidèles à des pratiques ayant traversé les siècles sans aucun changement. Un cas limite peut être fourni par la commune de Saint-Rémi-de-Provence, sur le territoire de l'antique Glanum : elle ne bénéficiera du tout-à-l'égout qu'en 1954. Il est vrai que son sol, bourré de trésors archéologiques, posait quelques problèmes à la municipalité. Dans cette ville, qui comptait près de 7 000 habitants en 1939, chacun s'accommodait d'un service sans doute codifié depuis le Moyen Age [4].

Tous les matins, avant sept heures, La Tinette, une cuve traînée par un cheval, passait dans les rues de Saint-Rémi. Dans

---

3. *La Vie quotidienne sur les plages de la Manche, du second Empire aux années folles*, Paris, Hachette, 1982, 334 p.

4. Les renseignements qui suivent nous ont été aimablement communiqués par un habitant de Saint-Rémi, M. Jean Vargas.

les angles des murs, les recoins, les portes cochères, les seaux attendaient d'être vidés par le « tinetier ». Le second stade de l'opération consistait, pour les ménagères, à aller laver ces seaux, souvent marqués du nom de leur propriétaire, aux différentes fontaines de la cité. En 1956, La Tinette accomplit son dernier voyage et commença une nouvelle carrière chez un entrepreneur de maçonnerie. Mais avec quel engrais a-t-on remplacé son contenu, ce mélange unissant les classes ? Il fumait si bien les oliviers qu'il fallait intriguer auprès du conseil municipal pour en disposer...

Dans le domaine de l'assainissement, l'immédiat après-guerre ne fut pas une période favorable. Il fallait d'abord reconstruire et produire. Les réseaux avaient priorité sur le traitement. Ainsi que l'écrit Pierre Boutin « l'enseignement dispensé au cours de ces années dans les écoles d'ingénieurs porte témoignage de cet état d'esprit : la place consacrée à l'épuration des effluents était chichement mesurée, la collecte et l'évacuation se taillant la part du lion [5] ». Ce praticien sait de quoi il parle, de même lorsqu'il remarque la vulgarisation rapide du mot « pollution » : le facteur déclenchant a été, pour le public, le spectaculaire développement, à la surface des cours d'eau, d'amas de mousses dus à des produits nouveaux, les détergents synthétiques, d'utilisation devenue générale en quelques années seulement.

« Le chemin parcouru depuis, ajoute P. Boutin, a été considérable, surtout au cours des deux dernières décennies, même si la France apparaît toujours en position médiocre par rapport à d'autres pays développés. Plus de 8 000 stations d'épuration ont été créées de 1960 à 1980 ; il n'en existait encore que 1 500 en 1970. La capacité des équipements destinés au traitement des effluents des collectivités publiques et des industries raccordées est passée, de 1970 à 1979, de treize à quarante-sept millions d'équivalents-habitant. Mais elle n'est utilisée qu'à la moitié de ses possibilités par suite du retard pris sur les réseaux de collecte et de raccordement [6]. »

---

5. « Points de repère pour une histoire de l'assainissement », in *Bulletin d'information du CEMAGREF*, mars-avril 1984.
6. *Ibid.*

Si beaucoup reste à faire, spécialement du côté des grandes agglomérations, Paris échappe à tout reproche et conserve son rôle pilote. Aujourd'hui, une douzaine d'émissaires, d'un diamètre variant entre 2,50 m et 4 m, traversent la Seine pour alimenter la station d'Achères. Mais les champs d'épandage — 4 400 hectares — ne suffisent plus. Le traitement des eaux usées s'effectue dans des installations, les décanteurs et les digesteurs, utilisant les phénomènes biologiques naturels. L'eau épurée retourne ensuite à la Seine dans des conditions conformes aux règles édictées par les autorités sanitaires, tandis que la fermentation des boues produit un gaz alimentant le complexe d'Achères en énergie.

Le réseau d'égouts parisien — 2 100 km — est unique au monde, tout comme son métro qui, lui aussi, eut à subir les attaques des imbéciles. « Le métro est antinational, antipatriotique, antimunicipal et attentatoire à la gloire de Paris », s'était écrié, à la Chambre des députés, un représentant du peuple particulièrement inspiré. Le tout-à-l'égout, cette « mystification du siècle », a puissamment contribué à stopper la diffusion de certaines maladies microbiennes, ainsi la typhoïde, endémique dans la capitale durant tout le XIXe siècle. Ce réseau des intestins de la ville fait partie du confort urbain dont l'usage quotidien masque la valeur. Mais Durand-Claye et Poubelle, ces vrais bienfaiteurs de leurs concitoyens, sont toujours ignorés par les encyclopédies...

Ah ! ce duvet ouaté...

Dans les années 1936, apparaît un nouveau système qui se proposait de détrôner la chasse d'eau, c'est la Trombe, lancé par un industriel français. Cet appareil se présente sous la forme d'un réservoir cylindrique de 48 cm de haut, 17 cm de diamètre, et d'un poids de 7,5 kg [7]. Parfaitement étanche, rapidement rempli, la Trombe ne comporte aucun système mécani-

7. *L'Architecture d'aujourd'hui*, n° 12, 1936.

que susceptible de se dérégler, comme c'est souvent le cas dans la chasse d'eau classique. Il se manœuvre simplement en appuyant sur un levier. Aussitôt, grâce à une pression d'air, se déclenche une trombe d'eau animée d'une grande vitesse. Toujours fabriqué aujourd'hui, ce dispositif a sa clientèle.

La cuvette de W.-C. en porcelaine blanche avec abattant de chêne ou d'acajou ne devient un objet d'usage courant que dans l'entre-deux-guerres. Il appartenait à Le Corbusier de révéler son immarcescible beauté dans une confidence recueillie par Brassaï[8]. En 1952, le photographe rend visite au Maître qui s'est isolé dans une cabane en bois bâtie sur le promontoire du cap Martin. L'espace est restreint, 3,66 m × 3,66 m = 13,40 m². Mais une cuvette de W.-C. occupe le centre de la pièce. « C'est l'un des plus beaux objets que l'industrie ait fabriqués, dit Le Corbusier. Là se révèlent toutes les courbes sensuelles de la divine face humaine, mais sans ses imperfections. Jamais les Grecs ne sont parvenus à un semblable sommet de leur culture. Elle me rappelle quelque peu, par le mouvement finement dessiné de ses contours, la *Victoire de Samothrace*. »

Faute d'enquêtes sur ce point, nous ignorons si une majorité d'usagers partage cet avis que l'architecte italien Gio Ponti devait approuver. Ce rigoureux représentant du mouvement moderne architectural en Italie a en effet dessiné lui-même des cuvettes. En tout état de cause, la période de reconstruction en Europe, après 1945, fera la fortune des industriels en porcelaine sanitaire. Ils vont s'ingénier à multiplier les formes — divers types d'urinoirs de face à action siphonique, cuvettes suspendues au mur, modèles pour les enfants des écoles maternelles, pour les handicapés — et surtout les couleurs, en uni et en bicolore, avec même un retour au décor fleuri. Pour les scatomanes, il existe un gadget reproduisant l'ensemble cuvette-chasse destiné à servir de cendrier. On peut mettre de l'eau dans le mini-réservoir afin d'éteindre les mégots... Au moins un romancier, Emile Ajar (*Gros-Câlin*, 1974), a tiré un effet singulier d'une cuvette : un python s'y love confortablement et, réveillé

8. *Les Artistes de ma vie*, 1952.

dans sa torpeur, chatouille la cramouillette d'une dame qui s'évanouit...

Le profil du tabernacle des fèces est quasi invariable. Toutefois, le procédé de chasse ne cesse de mobiliser l'ingéniosité des chercheurs : on parle d'évacuation propulsée et de « cuvette électro-programmée » mise au point par une société française. Le dispositif ne fonctionne que pendant cinq secondes durant lesquelles la cuvette est nettoyée, les matières et les papiers aspirés, dilacérés, centrifugés et évacués sous pression dans un conduit qui se raccorde sur une chute, comme une machine à laver. Avec les nouveaux types d'aliments synthétiques en préparation, peut-être que ces problèmes d'exonération deviendront enfin tout à fait négligeables.

Il conviendra quand même de s'asseoir de temps à autre sur le siège et la nécessité de cette position, hors de l'espace familial, présente toujours des risques. En 1984, pour le compte d'une société suisse, le Dr F. Tournade a effectué une enquête dans une série de W.-C. publics. Le résultat de ses prélèvements par frottis est très alarmant. Il a été détecté la présence de germes aérobies, coliformes, staphylocoques, anaérobies, moisissures, levures et champignons. Le bilan général montre que, pour 86,5 % des W.-C. examinés, la contamination microbienne est importante.

La parade la plus simple consiste bien sûr dans une installation à la turque : elle est d'usage difficile pour de nombreuses personnes. Mais un dispositif révolutionnaire vient d'apparaître sur le marché sanitaire. Il se nomme « Hygolet » et a été mis au point dans un pays où l'hygiène, depuis le XIXe siècle, est devenue une vertu nationale en même temps qu'une source de profits. Dans le dispositif de fixation de l'abattant se trouvent inclus deux rouleaux. L'un est garni d'un métrage de papier spécial qui servira à recouvrir l'anneau du siège. Commandé par un engrenage alimenté au moyen de piles sèches, il fait glisser la quantité de papier nécessaire à un emballage complet de l'anneau et entraîne ensuite la feuille ayant servi sur l'autre bobine, tandis qu'un film propre la remplace. Il faut évidemment avoir le réflexe d'appuyer sur le bouton qui assure le démarrage du système avant de s'asseoir...

La chasse d'eau, qui emporte tout, et les exigences nouvelles de l'hygiène corporelle, combinées avec le développement de l'industrie papetière, devaient fatalement provoquer la naissance du papier désigné par la lettre Q dans le catalogue des normes françaises.

Il est très difficile de dater son exacte apparition dans notre pays, car les traités de fabrication de toutes les sortes de papiers sont singulièrement muets sur ce point [9]. Pourtant, les spécialistes, depuis longtemps inquiets de la pénurie de bois et de chiffons, se sont penchés sur l'excrément pour relayer les anciens matériaux de base. Dans l'entre-deux-guerres, déjà, on prétendit qu'avec le crottin des chevaux d'un quartier de cavalerie on obtiendrait la paperasse nécessaire aux services administratifs de ce régiment ! Les *excreta* des éléphants furent scrutés dans ce sens. Des chimistes étudièrent un papier à base du contenu de l'estomac de certains quadrupèdes. Le maître Rettori obtint ainsi un emballage assez résistant. Et si les fèces de l'homme pouvaient au moins remplacer les 2,5 kg de papier Q utilisés en moyenne chaque année par les Français ? Encore un argument pour les systèmes diviseurs d'autrefois !

Apparu à la fin du siècle dernier sous la forme de paquets de feuilles intercalées les unes dans les autres — conditionnement spécifiquement français —, ou disposé en rouleaux scandés de pointillés permettant de détacher, par simple traction, un ou plusieurs coupons, le papier hygiénique, dans sa texture, se présente sous trois formes. Le plus ancien, le moins onéreux mais aussi le moins vendu aujourd'hui (1,3 % du marché en chiffre d'affaires) [10], appartient à la sorte « lisse », de couleur bise ou crème. C'est le « bulle corde », obtenu naguère à partir de sacs de toile ou d'espadrilles et désormais fabriqué avec

---

9. A. RETTORI, *Composition des sortes de papiers les plus employés dans le monde*, 1950.

10. Ce chiffre et tous ceux qui suivent nous ont été aimablement communiqués par le Groupement français d'articles pour usages sanitaires et domestiques, 154, boulevard Haussmann, 75008 Paris.

les papiers de la dernière catégorie, cartons et journaux. Vient ensuite le « crêpé » (15,2 % du marché) qui a ses amateurs. Mais celui en ouate de cellulose (83,5 % du marché) domine actuellement la production. Sur lui se concentrent les messages publicitaires vantant son incomparable douceur — et sa discrétion d'emploi comparée aux froissements sonores du papier lisse — « là où on en a le plus besoin ».

La consommation « par tête », note Michel Istre [11], est affaire individuelle : « Elle dépend de l'anatomie du pli fessier, de l'état de la muqueuse anale, de la consistance des selles et surtout de la vélocité du transit : il est évident qu'aux deux extrêmes le constipé chronique épargne son budget face aux dysentériques. » Pour les dix-sept firmes productrices — la quasi-totalité — adhérant au Groupement français des producteurs d'articles pour usages sanitaires et domestiques, les goûts personnels se traduisent toujours en chiffres. Le marché global du papier hygiénique, en 1983, représente donc 176 000 tonnes correspondant à 1 790 millions de francs. La consommation progresse régulièrement :

1979	1980	1981	1982	1983
138 000 t	151 000 t	163 000 t	172 000 t	176 000 t

tandis que celle des garnitures périodiques se stabilise :

1979	1980	1981	1982	1983
21 000 t	22 000 t	23 000 t	24 000 t	25 000 t

Ces chiffres peuvent paraître importants, mais leur ventilation atteste que 39 % de notre consommation de papier hygiénique provient de l'importation, alors que nous exportons seulement 13 % de ces Crepdou, Duvet ouaté, Moltonel, Satinelle et autres rouleaux si prometteurs de délices, puisqu'on en arrive à ce que presque chaque couleur ait son parfum. De pointilleux chercheurs néerlandais s'interrogeraient sur la toxicité des papiers colorés, voici une habile réponse sous forme de « chasse

11. « A propos d'hygiène ou les réflexions d'un cuistre », in *Bicolore*, n° 199, 4e trimestre 1983. Voir aussi *Que choisir ?*, n° 99, juillet 1975.

d'air », lancée récemment : un désodorisant est glissé dans le mandrin du rouleau... Et si une ambiance musicale s'installait en même temps que le geste de traction ? Elle projetterait ainsi le déféquant dans un monde de rêve, car il convient désormais de masquer les nécessités gênantes de la vie et de la mort. Il n'y a plus que les légionnaires — des marginaux — pour chanter à pleins poumons et sans complexes :

« Père Grognon
Descends ton pantalon
Tiens, voilà du boudin
Pour les Alsaciens, les Suisses et les Lorrains. »

Clochemerle-sur-Seine

L'écho des tractations entre la municipalité parisienne et les différentes sociétés concessionnaires d'urinoirs, de chalets de nécessité ou de lavatories souterrains finira par atteindre les oreilles du public. Marcel Pagnol s'en servira dans son chef-d'œuvre, *Topaze*, représenté pour la première fois le 9 octobre 1928. Dans cette pièce, il est en effet question d'une affaire d'urinoirs souterrains qui rapporteront une fortune, à moins que Régis Castel-Bénac, conseiller municipal d'une grande ville de France, ne leur préfère un train de « pissotières à roulettes ». Une fois devenu un puissant personnage, Topaze reçoit un certain Rebizoulet, propriétaire d'une brasserie devant laquelle on vient d'installer une vespasienne. Il en demande la suppression. Accordée, à condition qu'il paie. On la fera transférer ailleurs et le même processus se déroulera.

Les gardiens de la moralité publique sont redevenus aussi vigilants qu'en 1900 et harcèlent les autorités de leurs plaintes. C'est ainsi qu'en 1926, le préfet de la Seine s'en prend à la Société parisienne de publicité qui ne respecte pas ses engagements au sujet de la suppression de toute réclame relative au traitement des maladies vénériennes. Les placards vantant tel ou tel produit miracle se prêtent en effet à des inscriptions obscènes qui provoquent l'indignation d'honnêtes citoyens quand elles ne sont pas un objet de scandale pour les étrangers.

A ce sujet, une lettre envoyée par une dame américaine avait été lue devant le conseil par M. Froment-Meurice : « Je lis souvent dans les revues et les journaux des U.S.A. des articles qui me font un peu rougir pour la belle France. On ne comprend pas comment un pays aussi civilisé ne se débarrasse pas immédiatement des pavillons d'aisances pour hommes disséminés dans toutes les villes de France, endroits qui répandent une odeur infecte et sont une insulte à la dignité des dames obligées de passer dans leur voisinage. Des hommes ont même été vus se boutonnant à la sortie devant tout le monde. C'est un sujet délicat à aborder, mais il le faut en vue du bien de la France. Je suis devenue américaine par mon mariage, mais mon cœur appartient toujours à ma belle France et toute remarque insultante me fait bondir. Au nom du ciel, faites changer cela au plus vite. »

Ces considérations pudibondes auraient bien amusé l'écrivain Henry Miller : il a été le thuriféraire le plus exalté des vespasiennes qu'il adorait avant de les avoir utilisées : « Comme ça doit être charmant, s'exclamait-il, d'uriner en pleine rue en regardant passer les jolies femmes [12] ! » Et d'ajouter : « Comment un Français saurait-il qu'une des premières choses qui frappe l'œil d'un Américain débarqué, qui l'émeut et le réchauffe jusqu'aux entrailles, c'est cet urinoir omniprésent ? » Décidément incorrigible, l'impertinent scatomane ose avouer sa préférence pour le système à la turque. Il y voyait le même esprit de simplicité que celui se manifestant dans les livres français non cartonnés.

Miller se moquait éperdument de l'hygiène. Son point de vue ne pouvait s'accorder avec celui de l'un de nos premiers architectes sociaux, Henry Sauvage. L'auteur de la célèbre habitation à bon marché — entièrement recouverte de céramique blanche — de la rue des Amiraux a en effet écrit un texte peu connu sur les vespasiennes de Paris [13] : « Oh ! que les urinoirs

12. BRASSAÏ, *Les Artistes de ma vie, op. cit.*
13. *La Boutique à treize*, 1923.

sont tristes ! Péristyles d'un mauvais lieu où l'on n'entre qu'en se cachant ; carapaces d'insectes géants, hérissés de piques et de dards ; labyrinthes à deux ou trois places d'où filtrent d'âcres odeurs ! Le soir, lanternes sourdes à la lueur si tremblotante ; souricières pour prendre les hommes ; mausolées lugubres et pleins de mystères ! Pourquoi donc êtes-vous si tristes, ô urinoirs ?

« Pourquoi mettez-vous sous nos yeux le répertoire de nos infirmités, lèpres, dartres et plaies syphilitiques ? Pourquoi nous attirer par la fallacieuse annonce d'un Byrrh au vin de Malaga ? Pourquoi crachez-vous des eaux troubles au lieu de cascades limpides ? Pourquoi puez-vous si fort, si fort ? Je rêve, à la place de vos mornes ferrailles, d'une vasque de marbre rose et blanc comme une cigogne, que laverait une eau parfumée de verveine ! Au milieu s'épanouiraient des coquelicots et des bleuets comme dans les champs de blé ou d'orge où l'on oublie la banalité du pipi pour ne songer qu'au charme d'arroser les fleurs.

« Oh ! que les urinoirs sont tristes ! »

Sauvage n'a pas établi de projet d'édicule public et c'est dommage. Le mouvement hollandais *De Stijl* n'avait pas esquivé la question, malgré sa rigueur calviniste. La maquette d'une construction sanitaire, très cubiste d'aspect — noir, blanc, gris —, a figuré à l'exposition du mouvement fondé par Van Doesburg et Mondrian, à La Haye, en 1983. En France, le « granit artificiel » armé ravage la banlieue et la province dans un style se voulant moderne avec parfois des réminiscences néoclassiques « stylisées ».

Peut-être l'édicule qui fait tout le sujet du roman de Gabriel Chevallier, *Clochemerle* [14], appartenait-il à cette catégorie « dans sa sobriété utile et engageante » : ce membre de phrase est la seule description de l'objet du litige entre les progressistes et les pisse-froid d'une commune du Beaujolais. Pseudo-chronique villageoise, anticléricale, antimilitariste et gauloise, *Clochemerle* connut un énorme succès dont on peut s'étonner

14. 1934.

aujourd'hui. Avec ses personnages stéréotypés — comme ceux des films de Pagnol — s'exprimant tous de la même façon, ce feuilleton avait évidemment tout pour plaire à la vaste clientèle du parti radical qui lui fit un triomphe.

A Paris, dans les années 1930, on commence — discrètement — à faire disparaître des vespasiennes trop voyantes, ce qui n'est pas du goût de certains conseillers. L'Académie de médecine, consultée par M. Ambroise Rendu, a déclaré qu'ils étaient absolument nécessaires. Au moins peut-on supprimer immédiatement les urinoirs adossés, « ceux qui sont composés d'une simple plaque d'ardoise et d'un entourage si mesquin qu'il ne laisse rien ignorer au passant des gestes de l'occupant ». M. Fernand-Laurent les dénonce avec vigueur : « S'il est loisible aux chiens, insensibles au progrès, de continuer à lever la patte dans les rues de Paris, il ne devrait plus être permis à des citoyens conscients de suivre leur exemple. Ils le font, malheureusement, et à peu près sans paravent. »

En 1932, M. René Fiquet se montre plein d'espoir, on se demande au nom de quelles promesses : « Dans peu de temps, cette lèpre de Paris aura vécu, remplacée par de confortables et hygiéniques constructions en sous-sol. De ce point de vue, Paris cessera d'être l'objet de la curiosité amusée de ses visiteurs étrangers. » Ces hôtes venus d'ailleurs, Paris en accueillera bientôt quelques-uns pour l'Exposition de 1937 — qui abritera un pavillon de l'hygiène —, et en beaucoup plus grand nombre à partir de juin 1940... Il aurait été intéressant d'entendre le témoignage de ces derniers... Ernst Jünger n'a rien dit, peut-être n'a-t-il pas daigné les voir.

Pour faire le point, au lendemain de la Seconde Guerre mondiale, voici les résultats d'une recherche statistique effectuée en 1950 à la demande du conseil municipal ; elle ne concerne que les urinoirs de surface :

- lumineux : ancien modèle, 32 ; nouveau modèle [?], 419 ;
- adossés, en maçonnerie et ardoise, 139.

Ces chiffres n'indiquent pas le nombre de places : il peut y avoir plusieurs loges par édicule. En tout état de cause, ils sont en nette diminution depuis 1939 (700), pour ne rien dire de 1930 (1 230).

Aucun débat ne s'engage sur la question au conseil municipal avant une décision fâcheuse qui servira de détonateur : réunis en séance de nuit, le 21 décembre 1959, les conseillers de la majorité de droite décident la démolition de tous les urinoirs de surface. Le vote est acquis par 51 voix contre 31, celles de la gauche. On reviendra heureusement sur ce pas de clerc en mars 1961, où auront lieu deux séances historiques. Le débat fut magnifiquement animé par Me Fayssat, représentant du quartier d'Auteuil. Cet homme d'écoute avait en effet reçu de nombreuses lettres « depuis l'homme de la rue jusqu'aux plus éminents docteurs en médecine, depuis l'humble usager de ces légendaires édicules jusqu'à des juristes chevronnés, depuis le grand malade qui a besoin, disons, de s'épancher de temps à autre, jusqu'au simple particulier qui n'a pas l'habitude d'en user, mais que la nature a trahi par accident et qui n'a rencontré devant lui que le vide ».

La suppression du moindre édicule entraîne une véritable démoralisation de la population mâle : « Le passant pressé n'a plus, pour répondre à l'appel, que dis-je, à l'injonction de la nature, qu'à se rendre dans un café où il devra payer une consommation qu'il aura, je l'espère, la sagesse de ne pas boire s'il ne veut pas être obligé d'entrer quelques instants plus tard dans un autre café pour y restituer le nouveau trop-plein, et ressusciter ainsi le mythe, mais cette fois bien réel, du tonneau des Danaïdes. »

En passant, Me Fayssat pulvérise l'argument esthétique des adversaires des vespasiennes : on aperçoit des édicules dans les tableaux des plus grands maîtres du XIXe et du XXe siècles. Quant à cette population spéciale qui prolifère sans procréer, soyons clairs, pour une fois : « Reste cette redoutable infanterie des armées, non pas d'Espagne, comme le dit Bossuet, mais des homosexuels de Paris. D'après certains, nos invertis seraient attirés par les vespasiennes tout autant que les phalènes par les lumières nocturnes. En supprimant les vespasiennes, on les supprime aussi. C'est idiot ! Si les vespasiennes servent de pôle d'attraction aux homosexuels, il devrait être facile aux policiers d'y opérer de fructueux coups de filet. »

Les communistes ne suivent pas Me Fayssat sur ce terrain, mais ils lancent eux aussi un cri d'alarme par la voix de M. Lemasson. En 1960, 130 vespasiennes ont disparu, pas un seul lavatory n'a été construit depuis 1939, alors qu'il avait été question — en 1956 — d'un programme de cinq, destinés aux touristes (Opéra, Etoile, carrefour du Luxembourg, place du parvis de Notre-Dame, rond-point des Champs-Elysées). Le préfet a envisagé un emprunt, le groupe communiste le refuse. Il demande le financement d'un programme triennal de construction de lavatories souterrains et d'édicules de surface. L'entrée devra en être gratuite : « Les Parisiens paient assez d'impôts directs et surtout indirects pour que leurs épanchements naturels ne soient pas taxés. »

Et Me Fayssat de reprendre : « Un fait est là. Il existe des lois naturelles qui s'imposent beaucoup plus à nous que celles votées par le Parlement (sourires). Ces lois nous commandent à tel point que nous ne pouvons que nous y soumettre. On peut, si l'on est hypocrite, n'en pas parler ; on ne peut pas s'y soustraire. Le problème est de savoir comment on peut les respecter quand, sur la voie publique, elles nous en font commandement. »

La cause est entendue. M. Chavanac, au nom de la commission du Budget, fit sagement remarquer que « l'assemblée ne se grandirait pas en votant les années paires la suppression des vespasiennes et les années impaires leur rétablissement ». On rapporta la malencontreuse décision de 1959, tandis que le préfet de la Seine était invité « à faire étudier par ses services un projet de vespasienne en surface répondant à des règles très strictes de discrétion et d'esthétique et qui remplacerait les vespasiennes actuelles jugées inopportunes, au fur et à mesure de leur suppression ».

On ne saura sans doute jamais si les services techniques de la Ville ont vraiment étudié quelque chose. La conscience en paix, après leur éclat de mars 1961, les conseillers se consacrent à des sujets plus nobles. Un silence épais retombe sur les derniers modèles 1877, où l'eau chuinte avec un bruit particulier qui enchantait Miller, mais il semble que leur démolition connaisse un temps d'arrêt. En 1966, des conseillers municipaux sont saisis d'une pétition signée des riverains et commerçants de la rue Brochant, dans le XVIIe arrondissement. Ces honorables citoyens demandent la suppression d'un édicule, situé à l'angle de la rue Fourneyron et de la rue Brochant, car il est l'occasion de scandales quotidiens. Le préfet refuse net. De même, en 1971, quand le professeur Lépine sollicite la démolition des vespasiennes du XVIe arrondissement et leur remplacement par des locaux souterrains, lui est-il répondu que cette opération est d'un coût trop élevé. Mais voici une nouveauté : des lavatories ouverts au public sont aménagés dans les parcs de stationnement que la Ville est en train de multiplier. Des pourparlers devaient être engagés avec la R.A.T.P. pour la remise en état et le développement des quelques unités existantes : 26 lavatories dans les stations et 19 dans les passages publics ; 15 fermés et 10 murés. Rien ne fut fait...

Sanisettes pour tous

Les préfets de la Seine — si l'on excepte la personnalité hors série de Poubelle — se souciaient fort peu de gagner la reconnaissance des Parisiens. Ils ne gardaient leur poste qu'en fonction de leurs aptitudes à empêcher les habitants de la capitale de se livrer au jeu des barricades. Un maire n'a pas le même objectif, surtout quand il est aussi le chef d'un grand parti. L'avènement de Jacques Chirac à l'hôtel de ville de Paris à fait resurgir des idées de « bonheur en ville » que les conseillers de naguère ne pouvaient exploiter de façon cohérente, bridés qu'ils étaient par un pouvoir avant tout obsédé par « l'ordre public ».

Aussi bien, les questions de mobilier urbain ont-elles enfin bénéficié de vues d'ensemble dans le sens de l'intégration des différentes pièces de cet immense matériel (104 000 foyers d'éclairage, 57 000 panneaux de signalisation, 6 900 bancs, 5 880 corbeilles à papier, 101 pendules, 67 fontaines Wallace, etc.) et de son homogénéité. A ce titre, les conventions passées en 1972 et en 1976, puis modifiées en 1979, avec la société J.-C. Decaux, ont marqué une étape aussi décisive que celles qui furent franchies sous le second Empire et dans les débuts de la IIIe République. Cette fois, on a vu apparaître des abribus, des mâts de signalisation, des plans d'arrondissement ou des panneaux d'informations municipales qui expriment une recherche cohérente, même si on en discute l'esthétique.

Dans cet esprit, il importait de faire disparaître au plus vite les restes archaïques de la Belle Epoque, qui juraient dans le nouvel environnement urbain et perpétuaient le souvenir d'un âge machiste où rien n'était prévu pour l'égalité des sexes devant les problèmes d'exonération physiologique.

A la fin de l'année 1978, la Société des sanitaires publics à entretien automatique faisait effectuer, par l'I.F.O.P., un sondage national comportant 1 867 interviews. L'enquête portait sur deux points :

— *Equipements et localisation des W.-C. publics :*

- Satisfaits : 3 %.
- Mécontents : 76 %. Ne se prononcent pas : 21 %.

— *Entretien propreté :*

- Satisfaits : 8 %.
- Mécontents : 63 %. Ne se prononcent pas : 29 %.

La réponse à une dernière question confortait les résultats ci-dessus :

— Pensez-vous que ce serait une bonne ou une mauvaise chose pour une ville comme la vôtre si elle était équipée de sanitaires publics à entretien automatique ?

- Une très bonne chose : 45 %.
- Plutôt une bonne chose : 26 %.
- Plutôt une mauvaise chose : 11 %.
- Une très mauvaise chose : 9 %.
- Ne se prononcent pas : 9 %.

Le 28 janvier 1980, le conseil de Paris autorisait, à titre d'essai et pour quatre mois, l'installation de trois « sanisettes » dont l'une fut établie près du Centre G.-Pompidou, si mal conçu sur le plan hygiénique. Les Parisiens étonnés se rassemblèrent autour de ces blocs en béton moulé qui annonçaient, pour la première fois dans l'histoire de la ville, la possibilité d'une exonération familiale, Monsieur, Madame et les enfants, sans l'intermédiaire d'un gardien quelconque. Certes, il fallait payer, mais la halte dans un local brillament éclairé, chauffé, ventilé, parfumé au chèvrefeuille et sublimé par une ambiance musicale, valait bien la pièce de un franc glissée dans le monnayeur placé à l'entrée. Et nous ne parlons pas du confort, dans la grande tradition ouverte par les lavatories de la place de la Madeleine, il y avait déjà plus de soixante-dix ans : cuvette à l'anglaise ou à la turque (!?), lave-mains incorporé, distributeur automatique de papier hygiénique, porte manteau, porte-sac.

L'impeccabilité du lieu, après chaque passage, est assurée par un ingénieux dispositif de nettoyage qui dure 45 secondes. L'ensemble du bloc, cuvette, dossier, plancher, bascule vers le local technique pour être nettoyé par une brosse tournant à grande vitesse et un jet sous pression ; il est ensuite désinfecté par une eau de lavage additionnée à de l'eau de Javel parfumée. L'opération terminée, l'ensemble du bloc et le plancher reviennent à leur place initiale, la cuvette est séchée, le sanitaire est à nouveau utilisable. Il en a coûté 29 litres d'eau, presque le triple d'une chasse ordinaire.

Le 2 janvier 1981, les services techniques de la Ville déclaraient l'essai satisfaisant et le maire de Paris prit sa décision : 400 sanisettes seraient implantées dans la capitale au rythme suivant : 150 en 1981, 150 en 1982, 100 en 1983. Elles sont louées à la Ville — contrat de quinze ans — qui perçoit intégralement le droit d'entrée. L'initiative parisienne fut aussitôt suivie en province. Lyon commanda 50 sanisettes, Nice, 30, puis Saint-Etienne, Caen, Brest, Toulon, etc. L'expérience faillit capoter, en août 1980, à la suite de la mort d'une fillette de cinq ans, victime d'un début de noyade et d'une intoxication due à l'absorption de produits détergents. Les édicules installés à Lyon furent fermés quelque temps, tandis que la mairie de Paris en interdisait l'accès aux enfants non accompagnés. Depuis, la société Decaux a doublé la détection électronique d'une sécurité mécanique et aucun autre incident n'a été signalé, malgré l'extension du parc.

L'hygiène moderne, dont chacun peut disposer à l'intérieur de son logis, s'incarne maintenant dans des stations intégrées au mobilier urbain. Et on a fait d'une pierre deux coups, puisque certains « rassemblements » autour des vespasiennes sont devenus sans objet. S'ils se tiennent ailleurs, au moins n'encombreront-ils plus les trottoirs de leur chorégraphie spéciale.

Parallèlement à cet effort sans précédent depuis Rambuteau, en note en France, depuis quelques années, une nette amélioration des W.-C. desservant les collectivités, écoles, casernes, administrations diverses. Les toilettes pour handicapés se multiplient. Une enquête récente, menée dans les plus grands restaurants parisiens [15], a prouvé que leurs sanitaires s'égalaient à l'appareillage fonctionnel des cuisines et à la richesse du décor des salles. On y jouit d'un cadre Art nouveau ou sacrifiant aux chinoiseries ; les serviettes sont moelleuses, parfois accompagnées d'un flacon d'eau de Cologne...

Reste que d'après le Dr Tournade, président du Centre international d'études et de recherches d'hygiène appliquée, les toilettes de la majorité des restaurants sont les retraites préférées de nombreuses colonies microbiennes développées par les usagers de l'essuie-mains et du savon communs. Mais le dernier cercle de l'enfer est très souvent atteint par une descente dans les W.-C. des cafés, « à la turque », les trois quarts du temps. Chaque fois qu'on tire la chasse, on prend un bain de pieds, ils sont bouchés, ils manquent de tout, ils sont sales, ils sentent mauvais [16]. On ne sort pas toujours indemne de ces lieux maudits, de temps à autre placés tout près de quelques tables car l'espace coûte cher. Les origines géographiques et rurales de la plupart des patrons de bistrots parisiens expliqueraient-elles cette indifférence sereine au petit coin ?

15. Article de François SIMON in *Gault-Millau*, février 1984.
16. Claude SARRAUTE, *Le Monde*, 16 février 1984.

Un nouveau péril fécal

Depuis le XIXe siècle, Paris a vu proliférer une nombreuse population canine : dès 1871, on comptait 53 031 toutous dans la capitale. Ce dénombrement exact tire sa source des registres de la taxe, instituée par Napoléon III en 1855, modifiée en 1920 et supprimée ces dernières années. Il est resté stable pendant plus d'un demi-siècle, puisqu'il atteignait seulement 56 090 unités en 1936. A cette date, l'arrondissement possédant le plus de chiens était, paradoxalement, un ensemble de quartiers pauvres, il s'agissait du XVIIIe qui alignait 6 101 bêtes. Le XVIe n'en déclarait que 4 902, sans doute différents, mais la statistique ne ventilait pas les races. Le territoire national aurait accueilli, à cette époque, 4 447 022 animaux domestiques de la famille des canidés, chiffre considéré comme inférieur à la réalité car ne correspondant qu'aux déclarations.

Déjà, les fèces canines envahissaient l'univers urbain. Un courageux médecin, le Dr Clerc, s'est levé pour les dénoncer [17]. Ce personnage incompréhensif a eu l'audace de faire remarquer que le règlement sanitaire de Paris, dans son article quatre, spécifiait « qu'il est interdit d'uriner sur la voie publique en dehors des urinoirs installés à cet effet ». « Si, poursuit notre auteur, quelques dizaines de mères de famille décidaient de faire faire leurs petits besoins à leurs enfants au milieu des trottoirs, elles se verraient dresser procès-verbal comme responsables de leurs enfants. Comment admettre que le même texte permette à 56 000 chiens d'uriner et de déféquer à leur aise sur les mêmes trottoirs de Paris, c'est-à-dire d'accomplir impunément le même délit sous le regard de leurs propriétaires responsables et d'agents de police ? »

L'indulgence ancienne — d'avant 1789 — s'exerce maintenant à l'égard des clebs de toutes races qui ont loisir de se satisfaire sans vergogne au milieu des trottoirs, contre les portes cochères, les bidons de lait devant les crémeries, les pneus des

17. « Les déjections des chiens à Paris », in *Annales d'hygiène publique, industrielle et sociale*, décembre 1928.

autos, etc. « Le spectacle de ces fèces, écrit le Dr Clerc, qu'elles soient jaunâtres, foncées ou noirâtres ; homogènes ou panachées ; glaireuses ou non, qu'elles s'érigent en petites crottes dures ou s'étalent en masse, est répugnant. Que dire du malheureux étourdi, de l'intellectuel égaré dans des spéculations transcendentales glissant soudain sur l'un de ces dépôts infects ! »

On en reparlera plusieurs fois, au conseil municipal de Paris, du problème des fèces canines. A la veille de la Seconde Guerre mondiale, une thèse de médecine leur sera même consacrée [18]. Le plus étonnant dans cette affaire réside en ce qu'elle ait pu encore être évoquée sous l'Occupation. En 1942, le conseiller Marron expose en effet à ses collègues que seule une notable diminution du nombre des chiens pourrait améliorer la propreté de Paris : à cet effet, il a été proposé au ministre des Finances de doubler la taxe sur les chiens d'agrément. Il faudrait aussi instituer une médaille attestant du paiement de l'impôt.

Ainsi, au cœur des années noires, les Parisiens, soumis au régime des tickets de rationnement, non seulement n'avaient pas renoncé à conserver leurs chiens, mais trouvaient le moyen de les nourrir en prélevant sur leurs maigres rations ? Il y a là un trait d'héroïsme — de Résistance ? — que les historiens de la capitale entre 1940 et 1944 n'ont pas encore étudié et apprécié à sa juste valeur...

Si les chiens se débrouillaient pour manger sous la botte nazie, quelles orgies depuis la Libération ! Avec toutes leurs conséquences fécales. Il revenait à J.-C. Decaux d'inventer une parade. Depuis le 1er juillet 1982, des « motos nettoyeuses » circulent, sur certains trottoirs de la capitale, pour enlever les déjections canines. Elles comportent, à l'arrière, un dispositif permettant d'éliminer, par le jeu de brosses rotatives tournant à très grande vitesse et sans projection d'eau, les moindres crottes réparties ici et là. Le résultat de l'opération, recueilli dans des sacs biodégradables, est ensuite jeté dans les égouts.

18. Robert STEINBERG, *La Souillure des rues des villes par les excréments des chiens*, 1938.

Le coût de la location de ces engins (80 ?) à la société Decaux est évalué à 20 millions de francs par an. Cette charge — sans recettes correspondantes — sera donc répartie sur tous les Parisiens, qu'ils possèdent ou non des chiens ; encore une « anomalie » que personne ne semble vouloir relever... L'efficacité de ce mode de répurgation est d'ailleurs très aléatoire. Avec toutes les précautions oratoires d'usage, Mme Sarraute en a dit quelques mots dans le journal *Le Monde* [19]. Bien entendu, elle « adore » les bêtes — l'aveu de ne pas les « aimer » aurait immédiatement fait baisser le tirage du célèbre quotidien —, tout en gémissant de déraper dans leur caca.

Ce n'est plus supportable, en effet, et « le meilleur ami de l'homme » est en train de rendre à Paris sa physionomie d'avant 1789. Or les ramasseurs de crottes, qui quadrillaient toute la ville à la Belle Epoque, ont disparu. Faut-il remettre à l'honneur ce petit métier si pittoresque que des motards sont loin de remplacer ? Malgré Decaux, un nouveau péril fécal menace la capitale. Plus que jamais, *Cave canem !* et *Caveant consules !*

19. 16 mai 1984.

Appareils de la maison Anconem vers 1930.

Conclusion

Du XIe au XIIIe siècle, les théologiens catholiques se sont violemment affrontés à propos d'une doctrine dont personne ne veut plus se souvenir aujourd'hui, sans doute à cause de son caractère touchant directement à la scatologie au sens philosophique du terme. Il s'agit en effet du « stercoranisme » [1] : certains docteurs prétendaient nier que les espèces consacrées fussent vouées, après la communion, aux transformations de la digestion et à leurs suites. Des esprits aussi déliés que Bérenger de Tours, Abélard, Hughes de Saint-Victor, Albert le Grand et Thomas d'Aquin rivalisèrent de dialectique pour résoudre ce grave problème : il signifiait, chez ceux l'ayant posé, un rejet du corps et de ses nécessités qui aboutissait à l'hérésie. Il fut définitivement tranché par saint Thomas qui distingua l'élément terrestre et l'élément céleste, impénétrable avec d'autres yeux que ceux de la foi et qui échappe à toute corruption.

Toutefois, ce mépris des « basses fonctions » physiologiques — au Moyen Age il ne dépassera pas des cercles restreints — alimentera un courant permanent de la pensée occidentale : il réussira à s'incarner dans une classe sociale qui fera son idéal de la rationalisation totale de l'univers et de la domination des

1. H. VACANT et *alii, Dictionnaire de théologie catholique*, t. XIV, 1941, article « Stercoranisme ». Dans son extravagant fourre-tout, « Scatologic Rites of All Nations », Washington, 1891, le capitaine John G. Bourke fait mention de l'hérésie stercoraniste en se référant à Pierre Larousse. Toute mention à ce sujet a disparu dans les éditions contemporaines du *Grand Dictionnaire encyclopédique*.

forces vitales. C'est des rangs de cette naissante bourgeoisie que sortiront par exemple, à la Renaissance, un Erasme, prince des pédagogues, ou le libraire humaniste Gilles Corrozet s'emportant contre les « blasonneurs des membres » qui décrivaient en vers les trésors les plus secrets du corps féminin. A la même époque, Eustorg de Beaulieu, gentilhomme sans principes, n'hésitait pas, pour sa part, à blasonner l'étron.

Les ennemis de la libre pissette et de la franche pétarade ne renonceront jamais à imposer leurs contraintes à l'ensemble du corps social, la tentative janséniste en est une preuve parmi d'autres. Ainsi, elle alimentera, au XVIIe siècle, la querelle autour de la question de savoir si les époux chrétiens, après avoir connu les joies d'une étreinte licite, pouvaient — sans confession préalable — se présenter à la sainte table.

A la fin du XVIIIe siècle, ces castrés volontaires trouveront enfin celui qui va déchaîner sur toute l'Europe une nouvelle grande peur qu'ils croiront profitable à leur vision du monde, le médecin lausannois Simon Tissot [2]. Son principal ouvrage, *L'Onanisme, dissertation sur les maladies produites par la masturbation*, parut en 1760, et il fut constamment réédité jusqu'en 1905, donc pendant une période recouvrant exactement le triomphe de la pensée bourgeoise.

Avec ces pages terrifiantes, s'ouvre l'ère de la condamnation « scientifique » des pratiques solitaires. Jusqu'alors, l'onanisme n'était qu'un péché, certes mortel, mais effacé par la confession et le repentir. Voici qu'il accédait au statut de maladie extrêmement grave, et ce en un temps où le discours pseudo-scientifique prétendait l'emporter sur celui, complètement dépassé, des théologiens d'une religion qui ne pouvait plus rien dicter à la société civile.

Selon Tissot, le sperme est l'huile essentielle, peut-être même « l'esprit recteur » dont la dissipation laisse les autres humeurs affaiblies et, en quelque sorte, éventées. Le gaspiller affaiblit

---

2. Théodore TARCZYLO, *Sexe et Liberté au siècle des Lumières*, Paris, Presses de la Renaissance, 1983, 310 pages. *L'Onanisme* a été republié par les Editions du Sycomore en 1980.

l'organisme et le rend vulnérable aux agents pathogènes de tous ordres. A partir de cette doctrine aberrante — déjà soutenue dans l'Antiquité — se développera une littérature médicale dont l'extravagance n'a jamais été égalée. Elle fourmille de travaux cliniques dramatisés où excelleront de nombreux praticiens, parfois non des moindres, qui séviront en France et ailleurs jusqu'à la Seconde Guerre mondiale.

Dans cet esprit, tout ce qui se rapporte au sexe devient suspect et doit être pris avec des pincettes. Jeremy Bentham, dans son fameux *Panoptique*, rédigé à la veille de la Révolution française, adopte le ton qui convient lorsqu'il écrit, à propos des lieux d'aisances destinés aux prisonniers : « Il y a un sujet qui, pour n'être pas des plus relevés, ni du genre le plus plaisant à examiner dans le détail... [3] » Une commodité sera installée dans chaque cellule — siège en fonte, scellé dans la maçonnerie et dont l'orifice ne peut laisser passage à un homme — car l'hygiène l'exige. Mais déféquer devant ses codétenus serait une honte : « Un léger écran, que le prisonnier pourra interposer à volonté, ne sera peut-être pas estimé superflu. Tout en sauvegardant la décence, il pourrait être ajouté de façon à ne pas masquer au regard de l'inspecteur toute entreprise défendue. » Tentative d'évasion ou de masturbation ?

L'heure est désormais sonnée de la discipline des « instincts » que l'on tentera de détourner ou de sublimer par quantité de moyens. La majorité des médecins — même parmi les adversaires de l'Eglise catholique — posera en postulat la haute dangerosité de l'acte sexuel, « seul ou en compagnie », tandis que la satisfaction des sens s'effectuera par la nourriture, cette folie bourgeoise du XIXe siècle [4]. Cette fête prendra d'ailleurs l'allure d'une cérémonie sociale soigneusement réglée : « Le convive qui sait son monde n'entamera jamais une conversation avant la fin du premier service ; jusque-là le dîner est une affaire sérieuse dont il serait imprudent de distraire

3. *Le Panoptique*, précédé de « l'Œil du pouvoir », entretien avec Michel Foucault, postface de Michelle Perrot, Paris, Belfond, 1977, 221 p.
4. Jean-Paul ARON, *Le Mangeur du XIXe siècle*, Paris, Laffont, 1973, 365 p.

l'assemblée [5]. » Cette véritable messe comporte même l'équivalent de l'élévation : « Toute phrase commencée doit être suspendue à l'arrivée d'une dinde aux truffes. »

Aucune discipline n'existe et ne subsiste sans système pour la sous-tendre et tel est bien le cas dans l'attitude bourgeoise vis-à-vis de la saleté excrémentielle. Comme l'a parfaitement expliqué Mary Douglas [6], la saleté est le sous-produit d'une organisation et d'une classification de la matière : toute mise en ordre entraîne le rejet d'éléments non appropriés. Le bourgeois avait déjà fixé les normes de l'habitation convenable par une stricte spécialisation de chaque pièce, il parachève son œuvre avec le cabinet intérieur branché sur un système qui rejette toutes les déjections hors de l'espace urbain, maintenant contrôlé dans ses moindres dimensions. Cette tâche incombera aux ingénieurs, démiurges de l'univers bourgeois : l'omniprésence de ces hommes, dans le roman populaire de la deuxième moitié du XIXe siècle, témoigne de leur importance [7].

Dans la volonté de donner une explication rationnelle à la moindre manifestation de la sensibilité, les idéologues bourgeois s'attaqueront également aux racines du dégoût : il fallait rendre compte de la nouvelle répulsion devant l'excrément qui s'enracine tout au long du XIXe siècle. Il y a exactement cent ans, le physiologiste Charles Richet [8] — prix Nobel de médecine en 1913 — se chargeait de démontrer que le dégoût provenait de la nocivité et de l'inutilité. Les excrétions et les sécrétions digestives étant soit inutiles, soit dangereuses, la région génito-anale était naturellement devenue un centre de dégoût. De là, surtout, une concentration de la pudeur autour de l'anus, comme le remarquait, au même moment, Havelock Ellis [9]. L'ordre sexuel bourgeois, dans ses interdits et dans ses répulsions, correspondait donc vraiment aux exigences de la raison.

Les terribles conséquences engendrées par une pareille

5. H. RAISSON, *Code gourmand*, 1827.
6. *De la souillure*, Paris, Maspero, 1971, 194 p.
7. « Les Ingénieurs », *Culture technique*, n° 12, mars 1984, 355 p.
8. *L'Homme et l'Intelligence*.
9. *Etudes de psychologie sexuelle*, t. I.

attitude ont été récemment dénoncées. Elles aboutirent logiquement à la clitoridectomie. Puisque le clitoris, pénis en réduction, sert seulement à la volupté qui n'est nullement nécessaire à la procréation, son ablation devient licite s'il se révèle une source d'excitation permanente [10].

Reste que la responsabilité de l'hygiène excrémentielle, traitée avec toute l'objectivité qui doit s'attacher à un problème concernant la santé publique, a justement mis longtemps à être endossée par les « élites », en raison de toutes les barrières dressées par M. Prudhomme autour des déjections alvines qu'il se refusait à voir.

Dans cette prise de conscience, les hygiénistes ont déployé une énergie atteignant, chez l'ingénieur Durand-Claye ou le Dr Parent-Duchâtelet, au niveau d'une mystique du bien-être social. Ce faisant, ces hommes sont restés fidèles à l'idéal rationnel de la bourgeoisie conquérante, tout en s'efforçant de corriger son mépris des besoins élémentaires qu'elle considérait comme des entraves à son projet productiviste. Cet état d'esprit a longtemps persisté — avec l'appui « objectif » de l'Eglise catholique, toujours prête à lancer l'anathème dès qu'il était question de « satisfaire » le corps —, et explique pourquoi le XIXe siècle, en France, s'est en réalité terminé dans les années 1960.

La récente conquête — pour toutes les classes sociales — du confort de la miction et de la défécation touche aux valeurs de notre société : elle tente enfin de récuser l'angélisme dans ses formes les plus laïques pour ne plus se refuser une gamme étendue de plaisirs divers. Au-delà de la terreur bourgeoise du « naturel », c'est un retour à l'esprit de l'Ancien Régime dans ce qu'il avait d'ouverture au sensible et que nous avons trop longtemps perdu.

---

10. Dr Démétrius Zambaco, « Onanisme avec troubles mentaux chez deux petites filles », in *L'Encéphale*, 1882. Cet article a été réédité en 1982 par les Editions Solin.

Table

Des bruits et des odeurs : 7

Chapitre 1 : « GARE L'EAU ! »
Prolégomènes 13
Moyen Age énorme et délicat 15
Poésie de l'étron 19
Odieux pudibonds 24
Premières considérations architecturales 25

Chapitre 2 : CHAISES PERCÉES, THOMAS ET BOURDALOUES
Au temps de la libre pissette 29
Vivent les francs-péteurs ! 32
Une certaine cassolette 34
Recevoir sur sa chaise 38
Les privés sont au grenier 39
Maudites crottes de Paris 42

Chapitre 3 : QUAND SOUFFLENT LES DERNIERS « ZÉPHIRS »
Où la rate se désopile 47
Thomas toujours fidèle 54
Des « lieux à l'anglaise » ? 56
Un problème d'hygiène publique 60
Maître Fifi s'en va à Montfaucon 64

Chapitre 4 : AUX ORIGINES DE LA POLICE SANITAIRE
La fin de l'art de chier 73
Paris, atelier de putréfaction 77
Un tour de France nauséabond 80
« Des bassins béants et sans couvercle » 84
Les latrines scolaires 86
Où l'acte enfin s'escamote 88
L'intestin de Léviathan 95

Chapitre 5 : PAS DE VOIE SANS ÉGOUT
L'immeuble haussmannien ne sent pas bon 101
Charmantes cités françaises 105
Réforme de la voirie 108
Un égoutier nommé Belgrand 110
Les chevaliers de la brune 112
A chaque rue son édicule 116

Chapitre 6 : LA DISCIPLINE DU SIÈGE
Hygiénistes et logements insalubres à Paris 119
Les disciples de Le Play accusent 125
Le siège ciré de l'école Monge 128
Eloge de la chasse d'eau 132
Les W.-C. à l'intérieur ! 136
Apothéose du Pétomane 139

Chapitre 7 : UNE LOI LIBERTICIDE
Une question sans objet 143
La Seine gravement malade 146
Intervention d'un jésuite 151
Poubelle, préfet collectiviste 153
La résistance des Vautours 156

Chapitre 8 : VESPASIENNES ET CHALETS DE PARIS
Plusieurs milliers d'édicules ! 161
Décence du chalet 167
Se retenir en chemin de fer ! 172

Chapitre 9 : DANS LA DOUCEUR
ET LA DISCRÉTION
L'esprit d'Achères 175
Ah ! ce duvet ouaté 180
Clochemerle-sur-Seine 185
Sanisettes pour tous 191
Un nouveau péril fécal 195

Conclusion 199

Crédit photographique :
Bibliothèque historique de la Ville de Paris (fonds Charles Marville) et Henri Bresler.

Composition Facompo, Lisieux
Reproduit et achevé d'imprimer en février 1985
par l'Imprimerie Floch à Mayenne
Numéro d'imprimeur : 22760
Dépôt légal : février 1985
Premier tirage : 4 000 exemplaires
ISBN 2-7071-1509-6